MELHORES POEMAS

Henriqueta Lisboa

Direção
EDLA VAN STEEN

MELHORES
POEMAS

Henriqueta Lisboa

Seleção
FÁBIO LUCAS

global

© Abigail de Oliveira Carvalho, 2000

1ª EDIÇÃO, GLOBAL EDITORA, SÃO PAULO 2001

2ª Reimpressão, 2012

Diretor Editorial
JEFFERSON L. ALVES

Assistente Editorial
ROSALINA SIQUEIRA

Gerente de Produção
FLÁVIO SAMUEL

Revisão
MARIA APARECIDA SALMERON

Projeto de Capa
VICTOR BURTON

Editoração Eletrônica
TATHIANA A. INOCÊNCIO

Dados Internacionais de Catalogação na Publicação (CIP)
(Câmara Brasileira do Livro, SP, Brasil)

Lisboa, Henriqueta, 1903-1985
 Melhores poemas Henriqueta Lisboa / seleção Fábio Lucas. – São Paulo: Global, 2001.

ISBN 978-85-260-0733-8

1. Poesia brasileira. I. Lucas, Fábio.

01-3864   CDD-869.915

Índices para catálogo sistemático:

1. Poesia : Século 20 : Literatura brasileira 869.915
2. Século 20 : Poesia: Literatura brasileira 869.915

Direitos Reservados

GLOBAL EDITORA E DISTRIBUIDORA LTDA.
Rua Pirapitingui, 111 – Liberdade
CEP 01508-020 – São Paulo – SP
Tel.: (11) 3277-7999 – Fax: (11) 3277-8141
e-mail: global@globaleditora.com.br
www.globaleditora.com.br

Obra atualizada conforme o
Novo Acordo Ortográfico da Língua Portuguesa

Colabore com a produção científica e cultural.
Proibida a reprodução total ou parcial desta obra sem a autorização do editor.

Nº de Catálogo: **2183**

Fábio Lucas é crítico literário e professor, tendo lecionado em cinco universidades brasileiras, sete estadunidenses e uma portuguesa. Presidente da União Brasileira dos Escritores/SP por cinco mandatos. Membro da Academia Mineira de Letras e da Academia Paulista de Letras. Vice-Presidente da Associação Brasileira de Direitos Reprográficos (ABDR). Autor de 35 obras, entre as quais *Razão e emoção literária* (Duas Cidades, 1982); *Vanguarda, história e ideologia da literatura* (Ícone, 1985); *O caráter social da ficção do Brasil* (Ática, 1987); *Do Barroco ao Moderno* (Ática, 1989); *Mineiranças* (Oficina de Livros, 1991); *Luzes e trevas: Minas Gerais no século XVIII* (UFMG, 1998); *Literatura e comunicação na era da eletrônica* (Cortez, 2001) e o infantojuvenil *A mais bela história do mundo* (Global, 1996).

DIMENSÕES DA LÍRICA DE HENRIQUETA LISBOA

Não foi fácil realizar a seleção dos melhores poemas de Henriqueta Lisboa. O volume de composições que integram a sua obra completa traz ao compilador certo grau de hesitação e insegurança. Como determinar os melhores? Para nos desincumbir da tarefa, elegemos o seguinte roteiro: primeiramente, compulsamos as diversas coletâneas organizadas pela própria autora. A poeta, aplicada analista do fenômeno poético, de certa forma revelou preferências no arranjo de algumas obras. Em seguida propusemo-nos colecionar o que nos pareceu significativo para uma visão mais ampla de sua capacidade artística. Por fim, procuramos agregar ao conjunto algumas peças de nossa predileção, muito embora não constassem das reuniões feitas pela autora. Prevaleceu, então, o nosso gosto pessoal, pois uma das formas de dar sentido à produção de um escritor consiste justamente na leitura ao mesmo tempo analítica e agregadora dos conhecimentos anteriores à apreensão do texto.

Cada poeta traz consigo, na atividade criativa, os impulsos da imitação associados aos da ruptura. No primeiro caso, ajusta-se artesanalmente à tradição do gênero. No segundo, desvia-se do procedimento conservador e manifesta o toque pessoal de expressão, que alguns denominam *estilo* e outros *originalidade*.

No auge da produção de Henriqueta Lisboa – início do século XX –, as correntes consagradas da Europa exportavam atitudes contestadoras da tradição sob a forma das *vanguardas*. Deste modo, a poesia de Henriqueta Lisboa pode ser lida como o estuário de duas tendências: a *simbolista* e a *modernista*. Infere-se que seu processo de formação incorpora efusiva convivência com o repertório dos "poetas malditos" da França, assim como os seus ecos no Brasil, recolhidos especialmente na obra de Alphonsus de Guimaraens, sobre quem, aliás, veio a escrever um ensaio de interpretação.

Diga-se, de passagem, que Henriqueta Lisboa percorreu um caminho paralelo ao de Cecília Meireles, ambas nascidas em 1901. Singulariza-as do mesmo modo o empenho na implantação de uma Literatura direcionada às crianças. Enquanto Cecília Meireles se tornou a primeira brasileira a criar uma biblioteca para o público infantil, Henriqueta Lisboa se fez pioneira na escrita de poemas para crianças fora da tradição moralista ou de cunho meramente pedagógico. Concebeu poemas de feição lúdica, como é o caso de "O menino poeta" e outros da mesma coleção, nos quais predomina o jogo de palavras. Deste modo, a composição se estrutura em torno da própria mensagem. O processo de comunicação não se destina à circulação da mensagem do emissor para o receptor, mas enfatiza a substancialidade da mensagem, começa e se esgota nessa, como numa *função poética*, nos termos da proposta de Roman Jakobson. Assim, os poemas de *O menino poeta* iniciam uma prática de poetização em que se explora de preferência o *estrato fônico*, relegando-se a segundo plano o *estrato das representações* ou as camadas de expressão emotiva ou referencial. Os exemplos de *O menino poeta* apontam precisamente para o prazer do texto, para a manifestação sonora e lúdica de cada poema.

Quando se utiliza uma antologia, o leitor deve ter oportunidade tanto de exercer uma observação sincrônica, quanto uma análise diacrônica. Procedimentos paradigmáticos e sintagmáticos se conjugam na análise intratextual, enquanto características evolutivas somente se apreendem na temporalidade. A diacronia se torna matéria-prima da História. Os arredores contextuais e o envolvimento cultural ajudam a penetrar uma coletânea de poemas, pois o conhecimento do metatexto auxilia a explicação de aspectos genéticos, relacionais e funcionais do texto. A análise intrínseca se torna um momento da análise interpretativa, assim como a análise extrínseca completa o projeto de investigação global, que aspira a oferecer luzes à visão da totalidade da obra.

O leitor não deve assustar-se com o repertório precioso de Henriqueta Lisboa. Antes, precisa explorá-lo à exaustão, a fim de colher o maneirismo dramático da poeta, que associa a tradição setecentista mineira, meio barroca, meio clássica, eminentemente rococó, com a tonalidade musical do Simbolismo. Repetem-se vocabulários da têmpera simbolista: reposteiro, vergel, lua, orvalho, asas, lírio, arco-íris, zéfiro, elfo, nácar, luz, musa, lágrima, nardo, pomba, paz etc. Observam-se, entretanto, algumas soluções que lhe são intransferíveis. Por exemplo, certos cortes que isolam palavras e sintagmas, rebarbarizando a expressão, tornando-a forte, original e poética. Exemplo: "Talvez./Aleluia para esse talvez. Aleluia." (poema 4 de "Os estágios" de *O alvo humano*). Ainda: "Na morte, não. Na vida./ Está na vida o mistério." (poema "O mistério" de *Flor da morte*). Mais? Veja-se: "Flor. A inacessível./ Do caos, da escarpa, da salsugem,/ da luxúria, dos vermes, das gavetas/ do asco, do cuspo, da vergonha./ Flor. A inefável./ A companheira do anjo" etc. (poema II, "Flor da morte", de *Flor da morte*). Também: "Sinal da loucura, sinal dos tempos./ Sinal, apenas." (poema "Sinal" de *Flor da morte*).

Mais outro aspecto do modo autônomo de poetar de Henriqueta Lisboa: o jogo ora feroz, ora pungente, entre o "sim" e o "não". A dialética da representação do mundo e da vida. Já chamamos a atenção para essa característica da poeta. O número incontável de poemas iniciados pela negativa. Modo acumulativo de acentuar o contraste, ou seja, a afirmação final do conteúdo lírico, geralmente de cunho elegíaco. O eu lírico, no relato emocional, vai registrando as modalidades repelidas na enunciação, aquilo que se recusa. Depois do processo cumulativo, invertendo o seu sentido, o enunciado lírico se concentra naquilo que a poeta deseja enfatizar como efeito construído buscado desde o início. Curiosamente, em determinado poema, Henriqueta Lisboa inicia a composição assim: "Eu ia dizer sim, disse não." (poema "Poder obscuro" de *Azul profundo*). Dialetas da Escola de Frankfurt, especialmente Theodor W. Adorno, chamaram a atenção para a positividade da negação, núcleo do processo cognoscitivo. E alguns linguistas trouxeram à evidência o jogo contrastivo como fundamento da linguagem. Em Henriqueta Lisboa, podemos considerar a negação como premissa de um silogismo de epifania lírica. Veja-se o início de "A face lívida": "Não a face dos mortos./ Nem a face/ dos que não coram/ aos açoites/ da vida. / Porém a face/ lívida/ dos que resistem/pelo espanto." Veja-se também o desdobrar de "O espelho" de *O alvo humano*: o processo é duplo. Primeiramente, temos "o julgamento sem réplica./ Não diante da plateia"... etc. "Porém diante do puro/ espelho." E, logo a seguir: "Não o tíbio/ vitral movível da consciência" etc. Adiante: "Não este aço", seguindo-se especificações, para acrescentar: "Nem ainda o de Lúcifer – tão belo/ no seu orgulho de anjo." E, logo a seguir: "Sim/ o refletor de nenhum gesto,/ lâmina sem a mínima flor/ sorriso ou lágrimas." Seguem especificações dos "sim" do espelho.

A busca do ser, em Henriqueta Lisboa, se confunde com a busca da verdade poética. Há, no conjunto de seus poemas, várias ocasiões em que a metalinguagem é utilizada para exprimir a essência da poesia. No poema "Arte", de *A face lívida*, confundem-se Arte e Verdade. E o poema conclui: "Verdades se arrasam/ por ti, Verdadeira." Mais grave será o conceito que subjaz ao poema "A joia", de reflexão sobre algo enormemente precioso, submetido à "coação do minuto". Algo que se prolonga em "Contemplação", que vincula a poesia ao objeto de experiência visual: a ânfora.

Alguém que associasse esses poemas a "Estudo", teria uma poética de alto relevo. Realizaria um estudo admirável dos disfarces em que o discurso poético se transfigura. Apreenderia o inefável na voz de uma das mais autorizadas poetas do país. O poema "Disciplina" de *Montanha viva* é ambíguo. Sugere tanto a caprichosa mortificação de um missionário, quanto o esforço artesanal rumo à perfeição. Elogia o trabalho dirigido. Para quê? No fim, "Então, brilhai.", conclama o poema. Como se, após ingente sacrifício, fosse dado ao poeta colher o fruto da glória. Da mesma beleza, no mesmo livro, *Montanha viva*, fala "O órgão", instrumento do êxtase artístico. E "Cigarra" satiriza o "ouvido mouco", ou seja, a insensibilidade. Mas o poema culminante, nessa linha, constitui "O ser absurdo" de *Miradouro*, algo de divinizado e ascendente, aquele ser que "toma o carro do sol". Em contrapartida, Henriqueta Lisboa sabe desdenhar, com certa graça, o mundo das aparências em "Do supérfluo" de *Pousada do ser*.

Podemos integrar aqui a contribuição do Modernismo à poesia de Henriqueta Lisboa. Ou, de outro modo, a contribuição de Henriqueta Lisboa à poesia modernista. Tal como Emílio Moura, a poeta não embarcou na revolução literária do lado de seu aspecto mais caricato e desafiador, que foi a prática do poema prosaico ou simplesmente anedótico. O Modernismo de Henriqueta Lisboa cifra-se pela compostura. Mas o seu verso livre, ponto de honra da nova escola, é tão fluido e natural que se pode admitir lhe seja imanente, um modo peculiar de manifestar-se de modo poético.

Henriqueta Lisboa foi a personalidade feminina a quem Mário de Andrade endereçou o seu mais delicado diálogo. A correspondência entre ambos o atesta. Curiosamente, Mário de Andrade elegeu duas mineiras para expandir-se em áreas de seu variado interesse artístico. De poesia falou com Henriqueta; de música e pesquisa folclórica entendeu-se com Oneida

Alvarenga, que acabou organizando a parte mais abundante de seu acervo de pesquisador.

Assim, recomendamos ao leitor interessado em investigar as várias faces da poesia de Henriqueta Lisboa que perfaça o seguinte caminho: em primeiro lugar, analise o *estrato fônico*, para apurar a herança simbolista e a extrema fusão da musicalidade à expressão poética. Poderá igualmente surpreender o seu engenho inventivo posto a serviço da poesia para crianças, dando-lhe um teor lúdico e mnemônico diferente da poesia moralista e didática que até então se oferecia aos pequenos leitores. Além do mais, alcançar-se-á em Henriqueta Lisboa um culto generalizado das palavras. Tomando a palavra como ponto de apoio, dialoga com as outras artes, cultiva a correspondência entre elas.

A seguir, explorar-se-á o *estrato morfossintático* para se ter a visão dos cortes extremamente originais da poeta, na busca da essencialidade das palavras, da rebarbarização de vocábulos e sintagmas, a fim de devolvê-los ao nascedouro da poesia.

Após uma investigação demorada do *estrato das representações*, estudaria a temática de Henriqueta Lisboa, que se organiza, em primeira instância, em torno do eterno conflito entre a vida e a morte. Jogo tenso que leva a poeta a escalar alguns dos seus veios poéticos preferidos. Um deles, Deus e, em segundo plano, a Religião. Ver-se-á que Deus e Religião se apresentam mais como problemas do que como solução. E o estudo da tensão conceitual se eleva à medida que a obra da autora avança no tempo. Daí se tornar tão importante um acompanhamento diacrônico da produção de Henriqueta Lisboa.

A discrepância entre a vida e a morte se acirra com a descrição do desejo e a exaltação erótica, em contraste com sentimentos de abandono e solidão. O amor constitui outro alicerce temático da poeta. Por vezes, adota o aspecto de uma prisão desejada, como em "As algemas" de *Azul profundo*. Aliás, é frequente que o mundo se apresente a Henriqueta Lisboa como uma prisão. É o que se vê em "Jaulas" de *Flor da morte*.

O amor não correspondido ou a versão do amado ausente levam a poeta a extremos de solidão. Solidão sentida e, por vezes, aspirada, emblema ora de paz e renúncia, ora de inconformidade.

"Repouso" de *Prisioneira da noite* é sintomático, assim como na mesma obra "A mais suave", que tece o elogio da fragilidade. Tudo isso contrasta com a dança dos desejos em "Noturno". E a paz, tantas vezes perseguida, é negada em "Lareira".

As pressões sociais, a solidão, a paz ameaçada tornam frágil o "eu poético" que, por vezes, se rebela. É o caso de "Orgulho".

A poeta se defende também com o amor idealizado. Uma espécie de sacralização do eterno em "Azul profundo", poema da obra de mesmo título (sintagma que, coincidentemente, integra o arsenal de Mário de Andrade). Amor que se concretiza na voz do amado (ou no silêncio) como em "Amor" de *Miradouro*: "Um nome para dizer tudo/ se teus lábios o calam."

A fragilidade em Henriqueta Lisboa se torna frequentemente fortaleza. Ela mistura a sensação amorosa ao orgulho e, no poema "Confronto" de *Miradouro*, reporta-se à "astúcia dos tímidos". Não é apenas o amor que a poeta defende nos seus arcanos, mas também a infância, tantas vezes referida como perda irreparável. E às vezes como fonte de sofrimento. Mas sempre uma infância evocada sem nenhum tributo à passividade.

Tudo isso sem contar a onipresença da morte na temática de Henriqueta Lisboa. Não se trata de uma visão pacífica da consciência de que somos mortais. Mas uma atitude desafiadora e inconformada. O carinho com que celebrou o destino final levou-a até a traçar os contornos do além da vida, a paisagem do morto. A tensão dramática, à beira do trágico, pode ser colhida em "Os lírios" e "Dama do rosto velado". E "Condição", além de trazer dados biográficos, aponta para a espera da morte. Os biografemas da poeta não olvidam jamais as cores instintivas do desejo e o obsessivo temor da morte, cujo espetáculo se nutre até mesmo do espanto, como em "Assombro" de *Pousada do ser*. Tudo isso sem mencionar que *A face lívida* e *Flor da morte* reúnem o que há de mais substancial ao confronto da vida com a morte.

A última faceta da análise que recomendamos: a penetração no *estrato das qualidades metafísicas*. Um pouco de seu estudo está no estrato *morfossintático*, assim como no das *representações*. Aliás, em todos os estratos, pois a obra artística é polissêmica e povoa todas as camadas da percepção do leitor. O aspecto sinfônico de cada poema implica igualmente a diversidade de modos de captação da mensagem lírica. Nenhuma categoria se apresenta em estado puro. Elas são utilizadas de modo didático, a fim de se organizar o discurso interpretativo e auxiliar o leitor a penetrar na grande selva dos significados.

Henriqueta Lisboa fecunda de modo especial a exploração de sua particular Ontologia. Já se disse que toda filosofia (que, como a Religião e a Mitologia, estiveram associadas inicialmente à Poesia) deve apresentar uma teoria do ser (Ontologia) e uma teoria do conhecimento (Gnosiologia). A poeta não faz um tratado de Filosofia, mas incorpora ao texto poético reflexões sucessivas sobre a natureza do ser. Seu último livro, talvez bafejado pelo clima de opinião proveniente de Heidegger, intitula-se *Pousada do ser*. Antes já havia publicado extenso poema intitulado "Celebração dos elementos – água ar fogo terra" (1977), de cunho investigativo das origens. Como quer que seja, Henriqueta Lisboa utiliza o procedimento poético para acercar-se mais a mais da verdade. De tal sorte que, por vezes, prefere contornar o mistério, fazendo aquilo que Maria José de Queiroz denomina "poética do sigilo", pois a poeta enfrenta o enigma sem decifrá-lo (cf. "Henriqueta Lisboa: do real ao inefável", prefácio a *Miradouro e outros poemas*, Rio de Janeiro: Nova Fronteira/MEC, 1976). Já aludimos à prática de metalinguagem na poeta, que torna a poesia o principal canal de acesso à verdade.

Em conclusão: os múltiplos poderes da poesia de Henriqueta Lisboa haverão de alimentar a crítica em todos os tempos. Deixamos de mencionar a sua atividade de tradutora e as homenagens culturais que ela faz ao longo da obra. Dante, no entanto, recebe tributo em "Herança" de *Montanha viva*, e o pintor flamengo está em "Vincent (Van Gogh)" de *Além da imagem*. Com o ensaio, Henriqueta Lisboa adotou outra estratégia de acercar-se da poesia. Especial relevo deve ser dado à conferência "Poesia, minha profissão de fé", incluída na obra *Vivência poética*: rara lição de encantamento e consciência crítica diante da expressão lírica.

Fábio Lucas

POEMAS

VELÁRIO
(1930-1935)

TUAS PALAVRAS, AMOR

Como são belas e misteriosas tuas palavras, Amor!
Eu não as tinha pressentido,
eu era como a terra sonolenta e exausta
sob a inclemência do céu carregado de nuvens,
quando, igual a uma chuva torrencial de verão,
tuas palavras caíram da altura em cheio
e se infiltraram nos meus tecidos.

Ó a minha pletora de alegria!
As árvores bracejaram recebendo as bátegas entre
                              [as ramas,
as coroas bailaram numa ostentação de taças repletas,
os frutos amadurecidos rolaram bêbedos no solo,
E eu vivi minha hora máxima de lucidez e loucura
sob a chuva torrencial de verão!

Como são belas e misteriosas tuas palavras, Amor!
Minha alma era um rochedo solitário no meio das
                              [ondas,
perdido de todas as cousas do mundo,
quando, ao passar dentro da noite na tua caravela
                              [fugaz,
tu me enviaste a mensagem suprema da vida.
Tua saudação foi como um bando de alvoroçadas
                              [gaivotas

subindo pelas escarpas do rochedo, contornando-lhe
[as arestas,
aureolando-lhe os cumes.
E minha alma esmoreceu ao luar dessa noite
– ilha branca da paz num sonho acordado...

Amor, como são belas e misteriosas as tuas palavras!

POEMA DA SOLIDÃO

Cada dia que passa, cada dia
que me leva um anseio e que me traz
uma fadiga para o coração,
sinto mais o perfume de poesia,
o êxtase lívido, a pureza e a paz
da minha solidão.

Depois das noites carpideiras,
quando um queimor de lágrimas enxutas
punha goivos na cova das olheiras,
ai! quantas vezes me internei nas grutas
para esconder as faces!
E tive sempre alguém que me guardasse
a entrada como um cão:
minha bravia solidão.

Nos sonhos claros de felicidade,
quando quis estar só para a esperança
de sorrir e viver,
nem mesmo por piedade
me disse que o sorriso também cansa,

nunca toldou de leve o meu prazer
porque sabia que era tudo em vão,
minha profunda solidão.

Nas horas doentes de mormaço,
quando o jardim já deu todas as flores
e as aranhas do tédio, passo a passo,
enchem de teia os templos interiores,
e se pergunta à vida por que é bela,
tenho o consolo da meditação
ao sentir a alma como um barco à vela
no oceano da solidão.

Quando o vulto da morte, sonolento,
pousar à flor da terra essa bandeira
que ergo às nuvens na mão,
– calma, no orgulho do desprendimento,
minha palavra derradeira
quero dizê-la à solidão.

*PRISIONEIRA
DA NOITE*
(1935-1939)

CONVITE

Eu sou a amiga dos que sofrem.
Aproxima-te do meu coração, Amado.
Amado, conta-me teus segredos.
Onde nasceu a tristeza que nos teus olhos mora,
que causa tem a palidez que unge teus lábios,
e esse tremor que tuas mãos comunicam às minhas?

Por que não vens, à hora confidencial do crepúsculo,
sobre o banco de pedra esquecido entre as árvores,
junto à fonte chorosa
e os afagos de vento perfumado de flores,
derramar no meu coração
as palavras reveladoras
que me fariam participar da tua amargura,
do teu desespero,
ou simplesmente do teu cansaço de viver?...

Quando desfalecesse a tua voz em sussurro
e o luar surgisse acariciando o céu em penumbra,
talvez, Amado, talvez sorrisses,
vendo aflorar nos meus olhos noturnos
a lua pequenina da lágrima.

REPOUSO

Varanda em sombra à hora do sol.
Preguiça mais doce que o mel.
Água num copo de cristal
com o vago reflexo azul
do céu lavado de anil.

Sobre a mesa flores e pão.
(Quanta riqueza se contém
numa lareira, num jardim!)
Livros bem guardados e um
rádio em silêncio. Que bom!

Hora simples, hora feliz.
Nada de novo para nós.
Na transparência da luz
como um lago em placidez
talvez deslize o anjo da paz.

A MAIS SUAVE

Por milagre, a flor mais suave,
não a colheram os ventos.
Ficou na haste toda a noite,
trêmula e alta sob a chuva.

Quando foi de madrugada,
o jardim pasmou:
suas corolas jaziam
sobre a terra umedecida;
uma entretanto, a mais suave,
sustinha-se contra a aragem.

As outras flores por terra,
dálias, papoulas, crisântemos,
– ruivas cabeças – plasmavam
seus espasmos derradeiros:
mártires decapitados,
magdalas em desespero.

Nas fúrias espirituais
e nas ardências do sangue
dir-se-ia que estavam vivas.
Entretanto a flor mais suave,
como que ausente do mundo
na sua pureza lívida,
era um pequeno cadáver
que todo o jardim chorava.

O AUSENTE

Ele partiu inesperadamente
sem dizer a ninguém para onde ia
nem quando regressava.
Houve soluços à hora da partida.
Porém ele, tranquilo, não chorou.
Flores estranhas, veludosas e roxas,
envolveram-no todo num adeus.
Quem tanto amava as flores não sorriu
nem lhes aspirou o perfume.
Não houve entre os amigos seus
talvez um que não viesse vê-lo à despedida.
Mas dessa vez ao que era o mais sensível
nenhum carinho comoveu.
Foi-se embora
caladamente
no seu mistério para sempre.

E a vida continuou na mesma ronda
hora mais hora.
Talvez um dia doçura triste
alguém se lembre olhando longe: E o nosso amigo?
Em resposta dir-lhe-ão simplesmente: Morreu.
Porém no lar que foi o mundo seu
cada dia a saudade avulta e cresce
de tal maneira que parece,

ao abrir-se uma porta, que ele surge
de súbito, sereno
como quando habitou entre nós.
Tem-se a impressão de que ele fala e sua voz
conserva a mesma unção de prece
e seu gesto traduz uma bênção perene.

Se acaso perguntar algum estranho
quem nesta casa ocupa o mais alto lugar,
quem à mesa preside, quem governa
atos e corações no redil familiar,
responderão em coro as seis vozes dolentes,
esposa e filhas para as quais viveu:
– É Ele, o Ausente.

NOTURNO

Meu pensamento em febre
é uma lâmpada acesa
a incendiar a noite.

Meus desejos irrequietos,
à hora em que não há socorro,

dançam livres como libélulas
em redor do fogo.

O MENINO POETA
(1939-1941)

O MENINO POETA

O menino poeta
não sei onde está.
Procuro daqui
procuro de lá.
Tem olhos azuis
ou tem olhos negros?
Parece Jesus
ou índio guerreiro?

Tra-la-la-la-li
tra-la-la-la-lá

Mas onde andará
que ainda não o vi?
Nas águas de Lambari,
nos reinos do Canadá?
Estará no berço
brincando com os anjos,
na escola travesso
rabiscando bancos?

O vizinho ali
disse que acolá
existe um menino

com dó dos peixinhos.
Um dia pescou
– pescou por pescar –
um peixinho de âmbar
coberto de sal.
Depois o soltou

outra vez nas ondas.
Ai! que esse menino
será, não será?...
Certo peregrino
– passou por aqui –
conta que um menino
das bandas de lá
furtou uma estrela.

Tra-la-li-la-lá.

A estrela num choro
o menino rindo.
Porém de repente
– menino tão lindo! –
subiu pelo morro
tornou a pregá-la
com três pregos de ouro
nas saias da lua.

Ai! que esse menino
será, não será?

Procuro daqui
procuro de lá.

O menino poeta
quero ver de perto
quero ver de perto
para me ensinar
as bonitas cousas
do céu e do mar.

PIRILAMPOS

Quando a noite
vem baixando,
nas várzeas ao lusco-fusco
e na penumbra das moitas
e na sombra erma dos campos,
piscam piscam pirilampos.

São pirilampos ariscos
que acendem pisca-piscando
as suas verdes lanternas,
ou são claros olhos verdes
de menininhos travessos,
verdes olhos semitontos,
semitontos mas acesos
que estão lutando com o sono?

CAIXINHA DE MÚSICA

Pipa pinga
pinto pia.
Chuva clara
como o dia
– de cristal.
Passarinhos
campainhas
colherinhas
de metal.

Tamborila
tamborila
uma goteira
na lata.
Está visto
que é só isto,
não preciso
de mais nada.

MADRINHA LUA
(1941-1946)

VIDA, PAIXÃO E MORTE DO TIRADENTES

Entre rios e cascalhos
nasceu.
No berço das águas
cinco estrelas claras.

Ó infante, depressa,
as margaridas te esperam para a ciranda,
madrinha lua te espera para as vigílias.

Pejavam-se as nuvens, as nuvens fugiam,
cruzavam as tardes borboletas lentas.
Na sombra, setas oblíquas.

Antônia da Encarnação Xavier,
não deixes teu menino crescer.
Ele não terá pouso certo,
será chamado o corta-vento,
exaltará o hálito da revolta,
perecerá de morte infamante.

Talos e vergônteas ríspidas cresciam.
Seivosas touceiras com frutos cresciam.

Mãe morta. Pai morto. Campo limpo.
O caminho do louco está livre.
A terra pertence ao louco,
a terra é um punhado de poeira na palma da mão
				[do louco,
por entre abismos levita o louco,
as serras são trabalhadas pelo louco,
os rios são dirigidos pelo louco,
a imagem da Santíssima Trindade acena ao louco,
a brasa de Isaías queima os lábios do louco,
vai pelo mundo o louco apregoando a verdade!

As verdades como pedras
chovem pelo monte abaixo.
Cravejada de sementes
esgue-se a planície grávida.

Veio a tempestade, o incêndio,
a derrubada dos troncos.
Vai-se consumando aos poucos
o holocausto do cordeiro:

– Agora sei. Nenhum pouso
me prometia sossego.
As paredes da masmorra
não me poderão conter.

Nos socavões e nas grotas
dorme o ouro da madrugada.
Minhas algemas são de ouro
para servirem de aldrava.

Sinos de cristal ardente
acordarão a distância
"com os fios desse enredo
para daqui a cem anos."

Céu azul, vejo-te ainda
nas orvalhadas da noite
através da pura gota
que meus olhos chorariam.

Do roxo de minhas pálpebras
não tarda a nascer a rosa
em cujo pequeno cálix
mal cabe o meu sangue todo.

Aurora da cor do sangue,
quantas rosas eu não dera
para que raiasses antes
que meu suspiro morresse.

A FACE LÍVIDA
(1941-1945)
À *memória de Mário de Andrade*

OS LÍRIOS

Certa madrugada fria
irei de cabelos soltos
ver como crescem os lírios.

Quero saber como crescem
simples e belos – perfeitos! –
ao abandono dos campos.

Antes que o sol apareça,
neblina rompe neblina
com vestes brancas, irei.

Irei no maior sigilo
para que ninguém perceba
contendo a respiração.

Sobre a terra muito fria
dobrando meus frios joelhos
farei perguntas à terra.

Depois de ouvir-lhe o segredo
deitada por entre lírios
adormecerei tranquila.

PÉROLA

Delicadeza de caule
oculta na sombra a flor.

Um anjo que ninguém vê
caminha nos corredores
pé ante pé
como sobre tapetes
para não despertar.

Malícia fina
dissolve entre os dentes
a palavra que palpitou
na língua
mas que ao silêncio volta
para não melindrar.

Paciência que não engana
aquecendo sem brilho
à espera
retarda uma vez mais
a carícia
para não assustar.

Pérola entre pérolas
no fundo do mar.

ORGULHO

Pago caro o orgulho
de buscar na vida
aquilo que busco.

Desdenho a fumaça
que oscila no vento:
nas mãos, na consciência
tenho cinza fria.

Às impuras águas
plasma qualquer forma:
e agonizo lenta
com sede nos lábios.
Pago caro o orgulho
de querer perfeita
minha vida efêmera.

A FACE LÍVIDA

I

Não a face dos mortos.
Nem a face
dos que não coram
aos açoites
da vida.
Porém a face
lívida
dos que resistem
pelo espanto.

Não a face da madrugada
na exaustão
dos soluços.

Mas a face do lago
sem reflexos
quando as águas
entranha.

Não a face da estátua
fria de lua e zéfiro.
Mas a face do círio
que se consome
lívida
no ardor.

ARTE

Entre falsidades
és a verdadeira.

Febre de mentiras
a boca te queima.

Renegas os peitos
que te alimentaram.

Mas no fundo, pérfida,
és a verdadeira.

Cavalgas o abismo
não sei com que freios.

Jardins devastados
são os teus conluios.

Na hora dos ajustes
és a verdadeira.

Confusão extrema
de êxtases, sarcasmos,
e ranger de dentes.

Demônio triunfante,
demônio esmagado
sob os calcanhares?

Mistério, mistério.
Cessaram de súbito
risos e soluços.

Não há na cidade
pedra sobre pedra.

Verdades se arrasam
por ti, Verdadeira.

TRASFLOR

Borboleta vinda do alto
na palma da mão pousou.
Lavor de ouro sobre esmalte:
linda palavra – trasflor.

DAMA DE ROSTO VELADO

Dama de rosto velado
sempre de esguelha a meu lado.

Ainda a verei pela frente.
Talvez na próxima esquina,
talvez no fundo dos tempos.

Dama de sopro gelado
sustenta-se dos meus gastos.

Seiva de que vivo é o campo
de que recolhe as espigas.

Dama de luto fechado
caminha pelos meus passos.

Um dia nos deteremos:
eu estarei estendida,
ela será fratricida.

Dama de rosto velado
sempre de esguelha a meu lado.

ALARIDO

E veio a noite do alarido.

A noite clara, a noite fria,
com perfurados calafrios.

A noite com punhais erguidos
e olhos devassando perigos.

A noite cava, com ladridos
de cães atiçados. E espias.

A noite com tremores lívidos
e com membros estarrecidos
diante das ovelhas suicidas.

A noite de mármore e níquel
despedaçando-se em tinidos
no cristal violento das criptas.

Montanhas de ferro em vigília,
longas árvores comprimidas
e astros de fogo em carne viva

pasmaram de tanto alarido.

IMAGEM

Caminhei entre os homens
num silêncio consciente,
harmonioso e tenaz.

Palavras que eu sonhara
na cidade do asfalto
pareceriam esquivas
borboletas do campo.

Deste baixar de pálpebras
anônimo e sutil
teci eu própria a minha
túnica de martírios.

À hora em que me aproximo
desse outeiro escalvado
onde já não há musgos
enredando sandálias,

bem me parece que ouço
um princípio de música.

Mas não é para mim.

Talvez seja o prenúncio
de que uma flor azul
nascerá dos meus passos.

LAREIRA

Lareira. Fogo.
(Que noite lenta.)
Quem sente as horas?
Quem vive alheio?

Paz, aconchego.

Quem sonha mais?

– Eu perguntara:
Quantas lareiras
além?
Que corações
em Deus?
Parede-meia,
tens fogo
à esquerda?

Paz de lareira.
Não para mim.

A FLOR DA MORTE
(1945-1949)

FLOR DA MORTE

I

De madrugada escuto: há um estalo de brotos,
de luz atingindo caules.
Difere do rumor da chuva nas lisas pedras,
difere do suspiro do vento nas grades.
É como se a alma se desprendesse da matéria.
Borboleta que deixa o casulo e se debate
contra finas hastes de ferro.

Nos dédalos da noite se encontra,
em atmosfera tíbia de reposteiros
e caçoulas com vacilantes chamas azuis,
teu momento de êxtase e de holocausto, ó libélula!
Mãos que se procuram com desespero, pacto
entre o vivo e o morto, misterioso e rápido
signo de tempestade no espelho.

Nos caminhos sob a lua, ao ar livre, sinuosa
insinuação de víbora na relva,
há uma proximidade de flor e abismo
com vertigem cerceando espessa os sentidos
Flor desejada e temida promessa do eterno
de que alguém desvenda o segredo – a estas horas.

FLOR DA MORTE

II

Flor. A inacessível.
Do caos, da escarpa, da salsugem,
da luxúria dos vermes, das gavetas
do asco, do cuspo, da vergonha.

Flor. A inefável.
A companheira do anjo.
A que não foi rorejada de lágrimas.
A que não tocou sequer o bafejo da aurora.
A que habita acima das nuvens
– por sobre abismos projetadas!

Não sopra o vento nestas silentes plagas.
Ainda a luz não se fez, apenas
paira acordado o Espírito
na soleira de grandes nódoas lácteas.

Mas há corcéis de fogo rompendo o horizonte,
há barcos velozes impelindo as ondas do tempo,
há machados forçando a madeira,
escaramuças, estertores e sangue,
ardido sangue – pela Flor.

Flor da Morte salva das águas,
de corruptas sementes nutridas,
única forma de ser,
eterna,
renascendo inicial, desde sempre
nas mãos de Deus – fechada.

O VÉU

Os mortos estão deitados
e têm sobre o rosto um véu.
Um tênue véu sobre o rosto.

Nenhuma força os protege
Senão esse véu no rosto.
Nenhuma ponte os separa
dos vivos, nenhum sinal
os distingue mais o véu
baixado ao longo do rosto.

O véu modela o perfil
(filigranas de medalha),
acompanha o arco dos olhos,
sobe na asa do nariz,
cola-se aos lábios. O morto
respira por sob o véu.
(Também os vales respiram
amoldados à neblina)

E através do véu a aragem
de um sorriso treme, prestes
a dar à luz um segredo.

Um véu como os outros, tênue,
guarda o segredo dos mortos.
Nada mais do que um véu.

Reminiscência de outros véus,
de outras verônicas, de outras
máscaras. Símbolo, estigma.

Dos inumeráveis véus
que os vivos rompem ou aceitam,
resta para o morto, apenas,
um véu aderido ao rosto.
Entre a vida e a morte, um véu.
Nada mais do que um véu.

SOFRIMENTO

No oceano integra-se – bem pouco! –
uma pedra de sal.

Ficou o espírito, mais livre
que o corpo.

A música, muito além
do instrumento.

Da alavanca,
sua razão de ser: o impulso.

Ficou o selo, o remate
da obra.

A luz que sobrevive à estrela
e é sua coroa.

O maravilhoso. O imortal.

O que se perdeu foi pouco.

Mas era o que eu mais amava.

O MISTÉRIO

Na morte, não. Na vida.
Está na vida o mistério.
Em cada afirmação ou
abstinência.
Na malícia
das plausíveis revelações,
no suborno
das silenciosas palavras.

Tu que estás morto
esgotaste o mistério.

Ora a distância perseguias,
ora recuavas.
Era o apogeu ou o nirvana
que tateando buscavas?

Ah! talvez fosse a morte.

Não se sabia quando vinhas
nem quando partias. Eras
o Esperado e o Inesperado.
Grandes navios viajavas
com a mesma estranha gratuidade
com que ao planalto descias

por uma escada de nuvens.
Belo de inconstância e arrojo
com teu lastro de intuições,
a um apelo da noite
todo te entregavas, trêmulo
de carícias e tempestades.

Que mundo vinha nascendo?

Ah! talvez fosse a morte.

ESTA É A GRAÇA

Esta é a graça dos pássaros:
cantam enquanto esperam.
E nem ao menos sabem o que esperam.

Será porventura a morte, o amor?
Talvez a noite com nova estrela,
a pátina de ouro do tempo,
alguma cousa de precário
assim como para o soldado a paz?

Com grave mistério de reposteiros
um augúrio dimana, incessante,
do marulho das fontes sob pedras,
do bulício das samambaias no horto.

No ladrido dos cães à vista da lua,
acima do desejo e da fome,
pervaga um longo desespero
em busca de tangente inefável.

O mesmo silêncio da madrugada
prenuncia, sem dúvida, um evento
que já não é o grito da aurora
ao macular de sangue a túnica.

E minha voz perdura neste concerto
com a vibração e o temor de um violino
pronto a estalar em holocausto
as próprias cordas demasiado tensas.

AS COLEÇÕES

Em primeiro lugar as magnólias.
Com seus cálices
e corolas: aquarelas
de todas as tonalidades e suma
delicadeza do toque.
Pequena aurora diluída
com doçura, nos tanques.

Depois a música: frêmito
e susto de pássaro.
As valsas – que sorrateiras. E as flautas.
As noites com flauta sob a janela
inaugurando a lua nascida
para o suspirado amor.

Mais tarde os campos, as grutas,
a maravilha. E o caos.
Com seus favos e suas hidras,
o mundo. O mar com seus apelos,
horizontes para o éter,
desespero em mergulho.

Com o tempo, o ocaso. As lentas
plumas, os reposteiros
com seus moucos ouvidos,

a tíbia madeira para
o resguardo das cinzas,
as entabulações – e com que recuos –
da paz.

Finalmente os endurecidos espelhos,
os cristais sob o quebra-luz,
dos ângulos o verniz,
o ouro com parcimônia, a prata,
o marfim com seus esqueletos.

JAULAS

De uma para outra jaula.

Com farrapos ou plumas,
cerceando balbucios ou vascas,
é o berço minúscula
jaula.

A cela, a varanda, a casa,
o jardim, a cidade,
com seus itens e suas parlendas,
são enredos – de vime ou ferro –
de uma próspera
jaula.

o alto céu
disposto em toldo, tombado
sobre os flancos da terra,
é uma vistosa
jaula.
Com seus planetas e suas lunetas
assestadas.

Também o cérebro: de si próprio
arquiteto e
jaula:
cego além dos relâmpagos.

MATURIDADE

Maturidade, sinto-te na polpa
dos dedos: abundante e macia.
Saturada de sábias,
doce-amargas amêndoas.

És o tálamo para a morte,
o velame no porto.

Sob teu musgo, a pedra.

O silêncio em teu seio é prata
a sofrer o lavor
minucioso do tempo.

À tua sombra de pomar
ressoam passos do eterno
entre folhas: do eterno.

Ó pesado momento,
ó bojo cálido!

PÁSSARO DE FOGO

A princípio o voo
foi baixo,
acaso tímido.
Com grande silêncio em torno.
As asas batiam,
batiam e fechavam-se
rascantes
– tuas asas e garras! –
contra a espessura do vergel.

Já pela relva
tombavam
sob teu hálito – violentos,
os frutos primeiros.

Contra as altas paredes
nem sequer investiste.

De súbito,
pelos flancos,
incendiaste a montanha.

De súbito cavalgavas o espaço
equilibrando-te
– aura e domínio –
entre o horizonte e a abóbada.

Contra o verde e o azul,
de tua sombra vinha sangue.
(Sob teus auspícios,
contra o ferro, a madeira e a crosta endurecida
da terra,
multiplicavam-se enxadas, foices e malhos.)

Clima de estranho sortilégio
com címbalos, flâmulas e ouro líquido
de outros planetas.

Era um canto, uma dança, um voo,
o exercício da liberdade,
era porventura a descoberta
do espírito?

Pássaro, pássaro de fogo!

Olhos que te viram cegaram
para ver-te melhor!

AZUL PROFUNDO
(1950-1955)

A JOIA

Diz o incauto: Que fria
maravilha! Que fria
orvalhada translúcida! Que frio
artefacto sem jaça!

De que neve nasceu, à luz
de que lua polar, de que polidas
superfícies da morte?

Que relva de açucenas
reclinou, que gratuitos
nimbos etéreos pervagou
antes de talhada em facetas?

Diz o incauto. E ignora
que esse duro diamante
– amarga amêndoa, câncer
da terra – em cujo
seio a tribulação
seu cajado plantou,
esse diamante duro
de seiva, é um círculo
de fogo, fogo surdo,
fogo do eterno, aprisionado
à coação do minuto.

CONTEMPLAÇÃO

Ânfora, tuas formas inúteis.
(Serão inúteis – tão belas?)

Quedas a um canto, vazia
de conteúdo, vazia
de néctar, de água.
Jamais serviste. E exiges
com ar de orgulho que te sirvam
– há séculos – o ambiente, a luz.

Mas ó donaire,
caçoila rara, flor de lua,
que segredo insuflou
teu assomo, que sonho
nas tuas curvas paira,
que invisível abraço
anelas, a que deus
enigmático és fiel
na tua contenção, que suspiro
de nuvens exalas, que aura
de madrugada exorna
teu sangue azul, que estirpe
fugidia restauras, que éter
de nostalgia te transforma
em espírito, em música
– para além da matéria –,
ó infecunda, ó eterna?

AS ALGEMAS

Da enamorada as algemas
são de ouro puro. As algemas
nunca em demasia fortes.

Premidos, os frágeis pulsos
pedem cadeias que os prendam
à prova de sete chaves.

Anelam novas correntes
que os enlacem, que os entravem.

Por que de exaustos e exangues
percam a aposta nas lides.

(Perder para o Amor: ó fonte
trêmula de delícias!)

AZUL PROFUNDO

Azul profundo, ó bela
noite inefável dos
pensamentos de amor!

Ó estrela perfeita
sobre o espesso horizonte!

Ó ternura dos lagos
refletindo montanhas!

Ó virginal odor
da primavera derradeira!

Ó tesouro desconhecido
por toda a eternidade!

Ó luz da solidão,
ó nostalgia, ó Deus!

DO CEGO

Para mim o mais triste
não é ver-te nos olhos
esse toldo de névoa
que te veda o espetáculo.
Porém a tua inépcia, a inépcia
com que descuras o espetáculo.

DO HIPÓCRITA

À saúde do hipócrita. À saúde
de seus ademanes de seda,
de suas doces olheiras e suspiros
de amor. É um gato
contornando porcelanas. É um elfo

esquivando-se à esgrima.
Pisa tacos de cera
com a devida cautela.

À saúde do hipócrita: poupa-nos
o espetáculo de suas vísceras.

ESTUDO

Reflete-se no fundo do espelho.
De onde veio? Quem é? Para onde
vai, quando for? Mistério.

Todas as cousas lhe parecem grandes
demais para o seu talhe exíguo.
Tudo é singular a seus olhos,
tanto a escuridão como a estrela.

Habita o tempo, não o espaço.
Inconsútil é sua túnica,
não de ouro ou púrpura tecida:
de matéria mais simples.

Não pertence ao momento: vive
um mundo imemorial que passou,
que não terá chegado ou talvez
nem chegue nunca, pois instável.

É como se a vida fosse
perene a fluir, dentro de um êxtase;
e uma palavra em falso o bastante
para o seu desencanto.

Às ondas adversas resiste
com entranhada pertinência
de areias úmidas. Perdoa.
Perdoa, porém não esquece.

Ama o vergel e o musgo. Preliba
da beleza o sabor se aos lábios
polpa de fruta leva
lentamente amadurecida.

Dos pássaros recolhe o exemplo
que vai da garganta às asas:
são harmoniosos tanto quanto ariscos,
às voltas com o próprio equilíbrio.

Sem esperança de resposta,
fala com os ventos e as águas
em solilóquio ininterrupto.
Ouvem-na a distância e os ermos.

A solidão é sua pátria
indicada: no azul profundo
se inscreve, não mais o brilho
do cristal, mas a sua essência.

DO IDIOTA

I

Os olhos são da infância, os mesmos:
lagos com reflexos de arco-íris.
Luas crescentes de surpresa
pelos vergéis que iluminam.

Oásis tenros que esperam
– talvez há séculos – o instante
de serem colhidas as tâmaras
que nem os anjos percebem.

Como a lâmpada de Aladino
contra as lufadas acesa,
os olhos guardam a inocência
suspensa por sobre o abismo.

II

As mãos pousam no ombro amigo.
Ó doce fluido magnético!
Acenos de trigal ao zéfiro;
auras do círculo infinito

no qual em rosas a água e o fogo,
o céu e a terra se entrelaçam;
guirlandas contornam mares,
névoas desprendem chuvas de ouro.

As mãos ignoram que profundas
garras possui a carícia.
Como pesaria uma pluma
sobre o espírito!

III

O peito é como o dos pássaros
procurando repouso.
Uma cruz esconde o tesouro
de pérola, magnólia e nácar.

Ergue-se um punhal contra o peito:
violino sob o toque do arco
arqueja e desfere os jactos
um trinado mais célere.

A que imprevisíveis mundos
poderá conduzir,
pássaro nas grades, a tua
música para víboras!

MONTANHA VIVA
(1956-1958)

DIVERTIMENTO

O esperto esquilo
ganha um coco.
Tem olhos intranquilos
de louco. Os dentes finos
mostra. E em pouco
os dentes finca
na polpa.
Assim, com perfeito estilo,
sob estridentes
dentes,
o coco, em segundos, fica
todo ôco.

VOCAÇÃO

Ah! que esse vulto estranho
talvez evoque tempos mortos,
no anseio de achar vida nova.

Caminha a largos passos lentos.
Traz no horizonte os olhos fixos.
Talvez nas nuvens veja signos

e logre coordenar palavras
do alto e secreto códice
que ao voo convida almas e aves.

Vem de outras terras e outras eras,
rosário ao pescoço e bordão,
na roupagem de franciscano.

Talhado para empresas magnas,
o corpo esbelto vence as fráguas,
o espírito quer plenitude.

Ei-lo. Da planície contempla
a serra que na tela azul
recorta a máscara de um homem.

(Negra muralha de montanhas
torna-se escada de Jacob,
não antes da luta com o anjo)

Empalidece o peregrino.
Fogem-lhe os ímpetos. Ajoelha-se.
E há luz em volta aos seus cabelos.

A LUZ

Não esta luz dos trópicos, ardente,
que o arvoredo orvalhado já pressente
erguendo os ramos para recebê-la.

Não a luz penetrante que a primor
na transparência dos cristais espelha
a mesma luz louvada do criador.

Não essa luz que o nosso olhar prefira,
ávido de celeste azul safira
ou de púrpura régia ou de tons de ouro.

Nem a luz que ilumina os olhos belos,
portadores de amor, formados de elos
torvelinhando em claro sorvedouro.

Mas outra luz de tempo mais profundo,
outra, de que se mostra a leve imagem,
move as almas em flor do velho mundo
para a contemplação desta paragem.

DISCIPLINA

Eis o decisivo marco,
o apanágio do ritmo.

Tomai vossos instrumentos
ao mesmo tempo.
Iniciai a marcha
com alma e o corpo.
Medi os passos
– nem largos nem curtos –
à medida exata.
Caminhai em fila
sempre para frente.
Perfilai eretos
e imóveis no posto.
Recebei a seiva
das árvores firmes.
Dançareis depois.

Os braços abri
em toda a extensão
para os horizontes.
Sorvei com os pulmões
a aura das campinas.
Olhai longamente
para o firmamento.

Das nuvens colhei
o gosto das cores.
Aprendei dos pássaros
o claro solfejo.
Cantareis mais tarde.

Preparai nas grutas
os destinos do homem.
Entre altas paredes
adensai a sombra
em torno a vós mesmos.
Olhai-vos no poço
sempre mais a fundo.
Impregnai-vos da noite
– relicário abscôndito
a que buscam os astros.
Então, brilhai.

O ÓRGÃO

A exemplo do Criador,
plasmou o Artista, em madeira,
sua caixa de música.
E com cedro incorruptível,
veio a lembrança dos pássaros.
E com o negro jacarandá,
um reverbero de vaga-lumes.
E com as raízes do alto pinheiro,
o odor da malva e do musgo.

Arvoredo ou jaula?
E esse favo de mel com zumbidos antigos,
e esse tufo de orquídeas em rapto,
e a água que escorre nos desenhos do vento?
Às mãos poderosas do Artista,
soa em plenitude o canto.
(Nos seus recônditos freme
a selva. E são vivas clareiras)
O canto que jamais se ouvira.
Do bojo seco da matéria
para as madrugadas do éter.

HERANÇA

Ouso à sombra de Dante ao meu Vergílio
oferecer louvor com tal ternura
que me estremece a voz ao casto idílio.

Quem mergulhou um dia na leitura
do magno poeta vem transfigurado
de uma consciência límpida e madura.

Todo o valor do tempo no passado
volve de novo em raios convergentes
à lembrança de lume radicado.

Tudo emerge no plano do presente
– pronto, cálido e nítido – pelo ato
que é promessa de vida permanente.

A cada circunstância o termo exato
dá testemunho da alma que está presa
à continua experiência do recato.

Esse conhecimento da beleza
junto à simplicidade quase rude
já sobreleva os dons da natureza.

Clássico sereníssimo! Que o estude
sempre, alguém, a noção de que é mister
entregar-se ao destino em plenitude

à maneira de Eneias para obter
a expressão que transcende esse destino
e é dádiva de sangue a um outro ser.

O verbo humano, então, se faz divino.

CIGARRA

No alto dos ramos a cigarra
faz uma estrídula algazarra.

Fundo musical de tela,
o mundo é pequeno para ela.

Canta estraçalhando cristais
de ardentes cores naturais.

O sol a pino, de escutá-la,
no auge da canícula, estala.

Semioculta entre folhas verdes,
espera a graça de a atenderdes.

Uma cigarra vale pouco
para quem tem o ouvido mouco.

O CARVALHO E SUA SOMBRA

Dentro da amêndoa veio a seiva.
A amêndoa na terra fofa
deitou raízes. Palpitou. Cresceu.
O tronco abriu-se em ramagens.
E o carvalho deu sombra.

Era uma sombra de outros mundos
e de tempos remotos.
Era uma sombra de suave
e envolvente fragrância.
Propícia ao brinquedo dos pássaros,
ao encontro de transidas ovelhas,
ao adormecimento das víboras.

Pairou a sombra sobre o vale.
Multiplicou-se nos vergéis.
Cobriu toda a montanha.
Arrimou-se aos despenhadeiros.
Atingiu, porfiada, a planície.
Penetrou os espessos muros
em que os homens se fecham.
Entrou em agonia lenta.

E, quando menos se esperava,
tranquilamente, na altura,
revestiu-se de verdes franças.

TRADIÇÃO

O Caraça tem diadema
de ouro que ninguém conhece.
– Mas o ouro puro da gema
traz o signo de outra espécie.

Apagou-se o rastro andejo
de Bento Godóis Rodrigues
junto aos três almofarizes
que ficaram de sobejo
quando ele para haver água
distraidamente cava
e à flor da terra descobre
mina que o salvou de pobre.

Não se sabe onde o artesão
misterioso peregrino
nos seus andrajos tão chão
como seguro no tino,
de passeios solitários
pelas brenhas caracenses
colhe barras, com a licença
de dourar os relicários.

Em jazidas ou feitiços
dorme o ouro do preto velho
que matreiro por discreto
desfruta filão maciço.
E no seu momento extremo
quer revelar o sigilo
pelos silenciosos reinos
até hoje a persegui-lo.

Desapareceu de vez
para dramático espanto
dos construtores da igreja,

às ordens do padre santo,
jorro de fulvo metal
que das feridas da rocha
aos estampidos da pólvora
emergiu – talvez do mal.

o Caraça tem diadema
de ouro que ninguém conhece.
– Mas o ouro puro da gema
traz o signo de outra espécie.

ATMOSFERA

Das lentas águas do dilúvio
que vem subindo, noite a noite,
da foice de aço que ceifa
a messe, de sol a sol,
do tempo surdo que avança
com suas pátinas
e vai roçagando mantos
por onde passa,
há que guardar para sempre

– essas paredes impregnadas
de belas máculas verdes;
esses desgastes da madeira
por tantos passos de ir e vir;
o ar solitário dessas pedras
que tantas sombras recolheram;
esse cansaço esse descanso
de ancianidades coniventes;
esse patrimônio heráldico;

esse clima de velho estilo;
essa nobreza na pobreza;
essa nave a que imobilizam
nostalgias remanescentes;
esse relógio do passado
que marca as horas do presente;
essas palmeiras já sem fruto
que apontam rotas futuras.

A FLOR DE SÃO VICENTE

Do caule esguio em pendor,
três pétalas – uma flor.

Humildade. Simplicidade.
Caridade. Ó penhor!
De que maneira se há de
aproximar dessa flor?

O gesto suspenso em meio
a um delicado tremor,
entre o anelo e o receio
de tocar essa flor.

ALÉM DA IMAGEM
(1959-1962)

FRUTESCÊNCIA

Em solidão amadurece
a fruta arrebatada ao galho
antes que o sol amanhecesse.
Antes que os ventos a embalassem
ao murmurinho do arvoredo.
Antes que a lua a visitasse
de seus mundos altos e quedos.
Antes que as chuvas lhe tocassem
a tênue cútis a desejo.
Antes que o pássaro libasse
do palpitar de sua seiva
o sumo, no primeiro enlace.

Na solidão se experimenta
a fruta de ácido premida.

Mas ao longo de sua essência
já sem raiz e cerne e caule
perdura, por milagre, a senha.

Então na sombra ela adivinha
o sol que a transfigura em sol
a suaves pinceladas lentas.
E ouve o segredo desses bosques
em que se calaram os ventos.

E sonha invisíveis orvalhos
junto à epiderme calcinada.
E concebe a imagem da lua
dentro de sua própria alvura.
E aceita o pássaro sem pouso
que a ensina, doce, a ser mais doce.

CANTIGA DE VILA-BELA

Malvácea de fibra longa
em Vila Bela
denso arbusto de três anos
que já destela
tipo de algodão perene
flor de aquarela.

Nas áreas sanfranciscanas
nesta e naquela
graça de plantar e de
colher singela
clara fonte de riqueza
se nos revela.

Venham cotonicultores
com a parentela
dançar a dança do júbilo
e por tabela
despertando morro, praia,
campo e favela

às margens do rio pátrio
que se desvela
construir a nova cidade
verde-amarela
para que vivam felizes
o ferrabrás e a donzela.

CONDIÇÃO

Fecham-se, pois, os reposteiros
do princípio e do fim.
Cessaram as vibrações orquestrais
do transcendente, do inefável, do absoluto.
Longe, no vale, junto à essência da vida,
jazem os profundos anelos.

Permanece, em câmbio, o acessório:
o encontro eventual de esquina,
o roçagante adereço de cerimônia,
o trevo trêmulo na relva.

Fere-te uma palavra em tom áspero:
inclina-se teu passo para o primeiro atalho,
incide a luz em sentido oposto na tela.
E de resquícios insignificantes
transidos e turvos,
seixos, aclives, incongruências,
buscas de jogo cego no tempo,
certa imagem que te roubaram à criação,
aquele áureo punhal por trás das persianas,
a candidez obrigada a disfarce,
de acervo assim com sombras confuso
trabalhas o mapa de uma viagem sem rumo
ou seja – e mais acintosamente –
um doce tálamo para a morte.

VINCENT (VAN GOGH)

Então, Vincent imaginou
um jardim de outra espécie.
Era o arrebol e eram flores,
urzes, flâmulas, auréolas.
Eram touças e mais touças
com bruscos favos de mel.
E eis o sol girando aceso
para ver por sua vez
a própria luz que se entorna
de dentro dos girassóis.

Seria o ferrete, acaso,
(por veredas, por atalhos)
das lavras onde a miséria
chagas de fogo lavrara.
Seria a chama da vela
crestando os puros melindres
da palma da mão. Seria
o mesmo fluido das veias
em arremessos de febre
do coração para o linho.
Seria o rubor da face
rebentando pelos poros
à bofetada da vida.
Desespero de retorno

de orelha que se mutila
por ter ouvido palavra
de frio metal corrupto.
Nunca tal palavra, nunca,
de escórias adubo fértil,
exalação de paludes
a amargar uma existência
desde as raízes vedadas.
Por que essa alma, à primavera,
de trêmulos punhos verdes
acima do solo em faustos
e taças de âmbar, em brindes
(sol, girassol, sangue, suor)
com flor de espumas erguesse
o vinho recuperador.

ALÉM DA IMAGEM

Além da Imagem: trama do inefável
para mudar contorno definido.
Ou não bem definido. Além da Imagem
treme de ser lembrança o que era olvido.

O TEMPO E A FÁBULA

O tempo farejou a fábula.
Contaminou-a. Projetou-a
talhada à sua própria imagem.

Quem surpreendera nas origens,
antes dos primeiros refolhos,
o ruborescer das papoulas?

Pelas águas em que Narciso
se reconhecia ainda há pouco
broncos sargaços se diluem.

À hora em que o verde-malva toca
as nuanças do âmbar, porventura,
já outros nimbos se formaram.

De que miraculoso arco-íris
os dedos ágeis de Penélope
teriam recolhido o zéfiro?

Porém o zéfiro que esgarça
a flor da espuma nos recifes
carrega o pólen de outra flor.

Perde-se em mares sem memória
todo o velame ao vendaval.
Mas salva-se o ânimo do nauta.

Cavalos árdegos dos montes,
ontem dormidos nas planícies,
rompem as rédeas à miragem.

E no evolver de novos signos,
com as orvalhadas já destelam
brandos casulos de ouro e azul.

Destece, ó noite, por que o dia
teça com virginais matizes
a fábula da mesma fábula.

AS LEMBRANÇAS

Mal me recordo. Era um mar
de encontros e desencontros,
com suspiros evolados
do peito aberto das ondas.

Uma voz dizia: Dorme.
E fardos como de areia
já se abandonavam dóceis
ao sabor da correnteza.

Acorda – outra voz dizia.
(Talvez fosse a mesma voz)
E sobre a faina da estiva
restavam marcas de suor.

Eram outros navegantes
entre vagas e recifes,
de dia a noite invocando
de noite espreitando o dia.

Aos balouços de preamar,
ardente dos próprios golpes,
um marinheiro cantava
apunhalando gaivotas.

Nas praias com brilho de ouro
dançavam fímbrias de nácar.
Tanto mar para esse porto
a que nunca se ancorava!

Que buscariam as nuvens
juntando-se em torno aos mastros?
As quilhas gemeram fundo
batidas do temporal.

Agora é tudo silêncio.
Salgueiros de ilha in memoriam
inclinam-se longamente
– sobre os vivos? sobre os mortos?

AS IMPRESSÕES

Interferiram luzes quando a sombra
teria dado uma versão diversa,
de perspectiva mais profunda.
Simples riscar de lume
assinalou o transitório
feito retardo para além da esfera.

Mas é que as impressões perduram.

A areia que um momento as ondas
arrebataram regressou à praia.
O liso tronco envolto agora em musgos
tem o seu sangue partilhado.
A medalha ao reverso – e bem legível –
guarda inscrição que a identifica.

As impressões, contudo, prevalecem.

E nem o longo desmoronamento
da escarpa, dia a dia, em franjas,
e nem os nimbos que se queimam
sem apelo, cada crepúsculo,
entre os mais vivos revérberos,
ai! lograrão desvanecer
o de outros mundos frio molde
que na retina se emoldura.

– Memória do homem, superfície plana
sem viso de maturação.

PORÉM A TERRA

Por certo a Lua. Sim a Lua
tresmalhada pelo pastor.
A Lua do medo e da espreita
da represália e da malícia
em plena gruta de cristal.
E sem olvido os outros mundos
medidos, sofridos, vividos,
nas tuas mãos de homem, na palma
de tuas mãos já sem calor
a exemplo de aços e couraças.

Porém a Terra: que aconchego
que não buscaste, estes refolhos
que não possuíste: a Terra guarda
teu próprio campo – aquele de onde,
lá bem no fundo da paisagem
por entre graves pedras tristes
no alto de um fino caule trêmulo
emerge, de cada crepúsculo,
desde séculos pelos séculos
a flor que a teus sonhos preside
– e nem sequer foi contemplada.

ALVO HUMANO
(1963-1969)

O ESPELHO

Com maior ou menor delonga
o julgamento sem réplica.
Não diante da plateia
que de triunfo e desastre
se embebeda profusa.
Porém diante do puro
espelho. Não o tíbio
vitral movível da consciência
onde lumes e nódoas
se afeiçoam e dobras
de reposteiros se entrecruzam
enquanto ágeis dedos escondem
o último dado. Não este aço
que nos devolve o vulto
da suma aspiração capaz
de se partir em estilhaços
pelos erros sem culpa.
Nem ainda o de Lúcifer – tão belo
no seu orgulho de anjo.
                Sim
o refletor de nenhum gesto,
lâmina sem a mínima flor
sorriso ou lágrimas. O espelho
que nos conduz ao pranto
da inanição pelo que somos.

O da origem, da intacta
essência que jamais se viu
exposta ao ar do século. O mesmo
em que se gravou certa imagem
anterior à criação
numa longínqua aurora
imemorial. Por Deus! O espelho
do que devíamos ter sido
antes do tempo implacável
em que fomos nascidos.

PARÁBOLA

Do funil dos olhos
em áscuas – o azul.

Da risada estrídula
ao rubor – o rubro.

Do vômito em jorro
– que verde – no vácuo.

Da calúnia acéfala
– o amarelo esgar.

Da injustiça em peso
– o roxo do tombo.

Do suco dos gomos
no tonel das iras
multimatizadas

– a sucinta cólera
em rolo de plexos
a rolar declives

– a neve na bola
cada vez mais álgida

– a bola de neve
cada vez mais límpida.

CORAÇÃO

Coração conheço
que desconheço.
Aquário e peixe
de sol em águas
rútilas de sol.
Crava as unhas de águia
na rocha do peito
bebendo sangue.
Doando sangue
logo em seguida
– fiel de balança.
Com força estranha
de leão acorda
e investe aos saltos
contra amuradas.
Em pouco é um tíbio
leviano pássaro
que em claros trinos
de ouro redoura
sua gaiola.
Basta uma flor
nascida entre urzes
– e é seu casulo
manancial de seda.

Desde a madrugada
até noite adentro
bate sem poder
parar de bater.
Malha a bigorna
do ferreiro, atroa
por que a vizinhança
se atordoe acorde.
Ele malha sempre
com muita prudência

sob espessos mantos
de lã de cordeiro.
Mais que lavrador
no campo trabalha
sem tirar domingo.
Sossega na torre
longamente o sino.
Só ele não deixa
o insosso realejo.

Bate comovido
por todas as cousas
e mais pelos signos
cobertos de neve.
Pela infinitude
pelo que é minúsculo.
Em compasso arrítmico
de pêndulo prestes
a entrar em pânico.

Assim desperto
é um rato rápido
que aos trambolhões
evita os becos
onde cada sombra
seria revelha
fome de um gato.

Por temer a vida
por fugir à morte
que pressagia
está nos golpes
de seu galope,
já pontilha os pontos
do retrocesso
que de longe vem
para lá do berço
quando principiava
a se subtrair
a cada minuto
do mapa do tempo.

De tempos em tempos
redobra os ladridos
esse cão de Deus
que ficou no escuro.
Oscila vacila
de um para outro lado
contorna os enigmas
do bem e do mal
– nunca os decifra.
Esse cão sem rumo
de orelhas murchas
que não distingue
da verdade a música.

De bater não morre
mas de não bater.
E antes que ele morra
sem pedir socorro,
tenro de sofrer
rubro de cantar,
pudesse um milagre
retirá-lo vivo
do profundo peito
como um passarinho

palpitando plumas
no primeiro voo,
pudesse eu retê-lo
trêmulo trêmulo
um instante sobre
a palma da mão
com os dedos em concha.

E ao sopro da brisa
de ímpeto jogá-lo
da montanha ao vale
para que o recolham
– com risos? com lágrimas? –
os anjos do acaso.

OS ESTÁGIOS

1

A arca em bronze – repleta
de vislumbres ao longo.
As safiras cintilam deslumbradas
por seus mesmos espelhos.
É uma obsessão o mármore.
O ouro no esquema permanece
estalão inflexível.
De ferro batido são as represas. Força
é demarcar facetas
quando há cristal de rocha. Desafiar
à ponta de lança o peito
da pedra que se recusa. Revolver
o cárcere dos diamantes.
Mas que: diamantes. Endurecido
é o coração que sofreu por migalhas.
Basta de subterrâneos. Basta
de perfilar para museus
a solidão da própria estátua.

2

Porém o verde habitou o espaço. O verde
de tantos revérberos à luz, de tanto
refrigério em penumbra, tornou-se
multicolor: azul e cinza, azul
e rosa, doce pervinca, velatura
de violáceas e louras tranças.
A árvore – livre – respirou.
Em bagos de uva e de pêssego
indolente pendeu.
Da madeira dos troncos
escorria resina e aroma.

Levantou-se então um sussurro
a balbuciar uma palavra
toda bela: entreflor.
A sensitiva abrigou-se dos ares
o botão preferiu morrer antes,
quando os ventos e as chuvas
em redemoinho castigaram
o reino acareado e perdido.
O vegetal é auspicioso. Mas é dúbio.

3

Após o letargo em tapetes
um meio despertar a franjas.
Formas moventes de antecâmara
ao pequeno vaivém do zéfiro
espreitam seja assim a lua o sol.
Dentro dos ninhos e das grutas

os animais são lentos e confusos.
O homem no entanto entre os demais
em sendas da memória para o anelo
como que se premune o anônimo
exercício de ser para ainda ser.

Geme se o toca no ombro uma pluma
canta por cego no topo do pelourinho.
Difícil é discernir como sombra
o gemido do cântico.
Em vésperas, longa a estiagem,
olhos nos olhos do infinito
o homem calcula de seus imos
por milésimo a essência
do intraduzível: beijos,
pactos, suspiro, lágrimas,
tremor de música sem notas,
joelhos que se rendem ao pó.
E ao fulgor de relâmpagos
pressente algum secreto encontro.

4

Aleluia. Talvez exista um novo reino
para muito além das fronteiras
do mineral, do vegetal, do animal.
Talvez a desaguar do oceano
salpicada de primevas espumas
outra aurora se faça. Talvez.
Aleluia por esse talvez. Aleluia.

ENTREMENTES

Entrementes se pavoneiam
as cousas precárias:
o gracioso episódio
com suas centelhas
verde-azul metálico
o prematuro debulhar
de espigas.
Entrementes pingam
na ampulheta
a gota de veneno
        a gota-d'água
            a gota de mel.
O coração quisera amor
o espírito, claridade
mas o corpo enlanguece.
Degusta-se e dissolve-se
entre o palato e a língua
a pastilha
        entrementes.
O ar é tépido, não admite dúvidas.
Grita uma voz na esquina: Aqui!
Responde o coro circular: Agora!
E o burburinho se faz bronze
enfunam-se estandartes ao vento
a fé remove montanhas

descem de seu topo as árvores
coalham-se as praças de peças
para todas as intempéries:
colunas
      máquinas
            lantejoulas.
Entrementes
      alguém pergunta:
Será só isso
      o dia a noite
      o beijo a maledicência
      a música a intervalar a inópia
      de nome angústia?
Porém antes porém depois!
Esse prurido
      viverá tão só no relâmpago
      entre dois polos
            – berço e túmulo?
      Ah! que entrementes
      seria colher uma flor
      sem a haver concebido sob a terra
      nem permitir que ela se faça fruto.
      Nomear a estrela solitária
      vinda de não se sabe que mundos
      para ignorados destinos.
      Ser (ou não ser) entre parênteses
      – blandiciosa bravata
            destituída de essência.

TANTO AMOR

Tanto amor imaginado
em condição de brinquedo
sem atinar com o sentido.

Tanto amor predestinado
para terminar tão cedo
no brando peito do olvido.

Tanto amor transfigurado
na solidão sempre ledo
pelo tempo de vivido.

Tanto amor acobertado
pela sombra do arvoredo
para depois desmentido.

Tanto amor atenazado
cede, não cedo não cedo,
pelo que já está cedido.

Tanto amor em bom-bocado
pelo quinhão do segredo
que foi à praça vendido.

Tanto amor recomeçado
mais belo após o degredo
pela arte de haver fugido.

Tanto amor entregue ao fado
da fúria sem nenhum medo
de haver matado e morrido.

Tanto amor perfeito amado
acima de todo enredo
por jamais existido.

SIBILA

Agora é a vez da Sibila.
Ela não tem voz e canta.
É rouca mas canta.
Muda, haveria de cantar.
Canta com os nervos
com os músculos
com todo o corpo
até com os cabelos.
Ah! seus cabelos
vieram da selva
têm a idade da pedra
tombam de ramas refolhudas
em cataduras.
Quem viu o rosto da Sibila?
Quem se arriscou ao fundo poço
à procura de humanos traços?
Talvez ela não tenha rosto:
é múltipla inumerável
no vídeo na estratosfera.
Entanto é única – estrutura
vaso comunicante
de eventos e mais eventos
que se dissolvem logo
nos aludes do tempo

(Os peixes são portados
em velocíssimas bandejas
de uma a outra galáxia).

Porém a Sibila – sílfide
cassandra ou semáforo
o que canta, o que silva,
o que anuncia, o que remorde
entre balbúrdia e balbucio
nesse idioma a pilhar
de esmaecida memória?
Não há sabê-lo: a mensagem
tem cifra e as sete trombetas
de em torno são aquelas mesmas
profusas destoantes e estrídulas
do Apocalipse. Basta escutá-las
– junto ao desmonte das ladeiras –
a mergulhar no abismo.

UMA SIMPLES TULIPA

Em musgo tenro se acomoda
o pendor da memória:
moldável flexível
giratório globo jamais
inteiramente às claras.

          Agora

à distância, parece
não houve ilha em verdor
nem flauta azul à carícia.
Tudo foi entre nuvens
num tempo de liliáceas
em campo de liliáceas
transplantadas de musgos transatlânticos.
A tulipa tremia nos dedos
do enamorado – e era dádiva.
Àquele momento as cousas
se dispersavam pelas auras
do descuido.

          E a tulipa

recolho-a entanto transferida
à incidência de muitas luas

bem diversa. Os matizes
são outros. A cera da memória
se amolda ao tempo. Acasalam-se
os relevos: o de ontem
se mistura ao barro geral, enquanto
os turíbulos enevoam
as formas, ai! tão numerosas
que se fundem às côdeas
deste tardo museu.

A serpe atravessou veloz a planície
entre adeuses de crianças.

        Em breve

nada mais restará
do que uma superfície coberta
de areia sempre areia
sem germes sem sulcos
de que possa nascer

              ou renascer

uma simples tulipa:

um respiro
      uma vida
           um marco
entre duas infinitudes.

ÍDOLO

Ídolo
– objeto
de vidro.

Cada gesto medido
com extrema cautela
de diferentes prismas.
Observado a olho nu
a olho armado de alcance.
Ouvido sílaba a sílaba
em línguas múltiplas.

Fibra a fibra vincado
a ouro e a ferro
no porão das galeras
e nos dosséis da aurora.

O mundo é teu, galgaste-o
como o animal bravio
nos relâmpagos da asa.
E arremetes a flor
em demanda do Graal
– fera enjaulada em círculo
a domar outras feras
prestes à represália
pela suma inocência
(esta que desabrocha
a recolher com seus linhos

o orvalho das campinas);
Logo após os aplausos
incongruentes, tão logo,
virão vaias e apupos
da multidão que freme
e te contempla louca
por sorver os teus haustos,
ouvir teus balbucios,
reter-te mais um pouco
num encontro de rua,
arrepanhar tuas vestes,
palpar teus ferimentos,
dar-te a beber (vinagre
ao fundo da taça) fruir-te,
crucificar-te, morrer-te,
para melhor sentir
o langor de teus braços
e arrastar-te depois
pelo século afora.

É de sempre, não de hoje.
Caminhas em terreno
arenoso, a um tropeço
poderás enterrar-te
na ara do sacrifício.
Pois avarenta, a glória
arrepende-se a tempo
de haver brilhado ao sol
a própria moeda:
vinga-se pelo avesso
onde o valor se avilta
– o veneno na cauda.

Ídolo
– ser precário.

IMPACTOS

Primeiro é o rapto
nas asas do anjo.
Depois o rombo
no avião a jato.
Para desmonte
dos timoratos.

Pelo que sinto
do meu contato
com a língua tomo
aniagem como
palavra doce.
Aniagem, grosso
tecido? É um simples

um mero pacto
que não atinge
campo mais lato.
Anil, tão bela
cor é senil?
Por este anelo
sutil de extrato
miro a aquarela
vejo o inexato
do termo em tela.

Senil é vil.
Que termo ingrato
de persuadir.
Mas é de fato
nato ou inato
vil entre os vis.

Ir por anfractos
os pés na ardência
sem que contenda
qualquer entreato
com a má gerência,
pisar intactos
ovos e cactos
sobressalentes
– isso é que é impacto.

Penso contudo:
o que contunde
mais nesse mundo
de tais distratos
são mesmo os atos
dos que agem dúbios
com jura aos tratos
que não se cumprem.
Nos labirintos
instiga o instinto:

ate e desate
mais do que nunca
de apoio ao tacto
de quem quer junto
de céus abstratos
seus latifúndios.

E salve o impacto!

DO ACASO

Existe o acaso, essa cousa
oblíqua que se planifica
de um momento para outro?

Uma invisível mão conduz
a peça – cavalo ou rei –
a resvalar da mão visível
para a quadra do jogo
claro-escuro de cálculos
que de um fio se apura?

Os onze atletas contra
outros tantos no baile
em que brotando da relva
a bola é o fulcro
serão movidos por seus próprios
másculos músculos,
ou prevalece uma espécie
de musgo apenso à pletora
da quase-vitória que os perca?

A melodia a cantar
junto ao violão que vibra

do meu contato
virá das cordas vocais,
dos ardores do sangue,
ou de herdados adeuses
na secreta assonância
de um acorde que acorda
em olvido a lembrança?

Porventura o fortuito
encontro à esquina
que empanou a paisagem
e velhos elos desvincula
constaria de algum presságio?
Ia por esse rumo e a rota
rompeu-se, há nova diretriz.
E ao indivíduo que se estranha
sobe-lhe à cabeça o acaso.
Será consciente de si mesmo
o acaso, ao menos?...

REBANHO

Apesar dos sete mares
e outros tantos matizes
somos um.
Apesar dos ritos múltiplos
das divergências das estirpes
da geometria e do floreio
somos um.

Na conjuntura de viver
para morrer – tão só –
quem sequer assoma
ao negro espelho sem que
todo se inscreva em negror
de cerração. Negação?

As redes do amor com suas
eivas de sempre – as foscas
malsinações –
o obscuro planejam:
ovelhas, para o rebanho.

E muito embora
ao crepúsculo recurvo
sobrelevem largos olhos
e nos longes amanheçam

lavras de ouro lavadas
de sangue e suor,
vigora o medo
de se atingir a verdade
– novo módulo –
que ao embalo da memória
para o vale nos impele
dos ancestres.

Todos procuram, ninguém
no que avulta reconhece
de bisonho
a pura lucilação
que nos levaria à fonte
à água da fonte, ao fio
do labirinto que é sede
e desistência larvar
diante de um cego
espelho
em que se anulam cor e forma
no total.

Unidos fortalecidos
eis-nos em compacto bloco
caudatários
da bronca da espessa marcha
circular.

Uma ovelha branca?
      Infiel.
Transparente intacta
portadora dos raios
solares?
  Infiel.

DE CONSONÂNCIA

Ágil e bravio, o impulso.
Força é resguardá-lo intacto.
Auscultar-lhe as batidas
do coração, na terra o ouvido
pelo rumor de outras bandas.
Captar-lhe o balbucio
ao embalo de vimes
sem que os abutres o cerceiem.
Dar-lhe a comer na palma
grãos de seiva.
Dar-lhe a beber o orvalho
que das manhãs escorre
ao verde-longo dos talos.
Com lã de ovelha vesti-lo
em finas franjas.
Sem sobreaviso mantê-lo
a salvo das intempéries
posto no umbral.
Não permitir que ele se engolfe
no poço dos labirintos.
Nem se fira
sua carnadura em áscuas
de esplendor meridiano.
Mimá-lo com brancas escovas,

cingir-lhe o pescoço em amplexo
(não em coleira),
prendê-lo com melífluas redes.
Então sugar-lhe sorvo a sorvo
o leite e o sangue
– para que em paz repouse
do tempo na própria lousa.

MAGMA

No todo negro
cristal da noite
o pensamento se desgarra
dos remos.
O batel atraca
longe-lento
na enseada.
Esta é a ilha do sono.
E respiras mais fundo.
É quando se inicia
o desforço do magma
em planetas moldados
por tuas próprias mãos.
No entanto és vítima.
Segues por um campo de relva
e desconheces o caminho de volta.
No castelo em que penetraste
não achas porta de saída.
O falcão que te arrebatou
vai largar-te nos ares.
Tentas gritar mas a garganta
já sufocou teu grito.
E cais, incólume, no vácuo

de onde por ti mesmo te ergues
levitante anelante
ao reino da liberdade.
Não a tua, a dos anjos
e demônios à espreita:
és tão somente o foco, a presa.
Todavia sabes que sonhas.
Trabalham-te com febre os olhos.
Todas as cores brilham na tua paleta.
Contemplas o mar e o mar se faz de púrpura.
É de seda sob teus dedos a espuma:
brancos reptis no limo.
Foges, de asco, a outras distâncias.
Aqui, pendurada ao salgueiro,
há uma cítara. Vai tangê-la.
A música, a redenção, a música!
Porém a cítara não soa.
O sonho é mudo, o sonho é surdo
às cordas trêmulas que feres
num silêncio de liso mármore.
Ou tu é que és o surdo-mudo
entorpecido estremunhado
quase agora desperto.

VERTIGEM

A roda gira
    o mundo gira
        gira a cabeça
            mais que o girassol.
Em derredor de algo ou de alguém
que talvez gire em volta de outrem
ou de outra cousa mariposa
        sobre si mesma.

Nem sabe a espiga porque giram
as asas ríspidas do moinho.
Hoje é o esteio que se abate
de chofre contra o duro solo
enquanto o grão de areia sobe
em vertical pela argamassa.
O oceano cala nos pélagos
e joga as ondas em vaivém.
Pela vesânia a mesa farta
pela vindícia a mesa parca
aos impulsos do pêndulo.
Essa girândola que pende
para a direita ou para a esquerda
não edifica em centro.
Daqui de lá dos quatro cantos
das montanhas ao vale

são reflexos que refractam
não os deuses mas os mitos.
É o provisório o aleatório
o que ainda pouco se diluíra
na miragem dos plainos.
Para voltar com novo embalo
ao velho torno da aflição.

INSÔNIA

Olhos acesos sobre o mundo
o que não dorme sequestra
a noite para a sempre noite.
A terra a invadir o mar
a terra perdida no mar.
Atalaia. Santelmos.
E oblatas para o transe.

Mas quem vem lá para lá
dos muros da cidadela?
Quem vem lá no silêncio
da fria estrela de que irrompe
a madrugada por vir?
Quem vem lá que se embuça
no pernilongo das brumas?
O Senhor? O Inimigo?

Olhos acesos sobre o mundo
o que não dorme desconhece
a sua própria efígie.

DA ESPÉCIE

A rosa atrai a rosa.
Por enredos e meandros
de essência.
A áurea rosa, a fulva, a rubra,
na expectativa da mais pura.
E são vergéis convergindo
para abertas campinas
na milenar procura

de uma fórmula mágica
paradigma da espécie.
Existe a branca, a nívea rosa
de perfeição una e perene
ou apenas a imagem
que deriva do anelo?
O aroma, a seiva, a força,
eu os sinto latentes
a presumir da forma para o eleito.
E entre mil rosas consagradas
à rendição do redil,
existe a rosa selvagem
que se reclina sobre o abismo.
A que vai ao acaso
de crisol em crisol
para que brote a transcendente
rosa com que sonha a rosa.

CANTATA

Coluna aérea
que a matéria sustentas
no alto em corola.

De onde vem tua força
ó Espírito,
              de onde sopra
a aura que acorda
do outro lado do mundo
as criptas?
Tanto resistes
ao remoinho do século,
persegues a sombra,

feres a opacidade da madeira
para que ela transpire
o segredo das cousas,
em mergulho navegas
mar adentro
para que se revele
por filigrana ao menos
o mistério da vida.

Ó Espírito,
        nuvem
nítida, carregada
de água e de fogo.

Vejo-te em véus
sobre o verde dos vales,
em línguas rubras sobre
a fronte dos Doze.

Percebo teu clamor.
na febre entrecortada
dos dentes.
Sei da alegria com que atinges
o cerne fibra por fibra
numa pressão de dedos
em teclas arrebatadas.
E ascendes
        todavia
            do sangue
para o tranquilo azul.
Sinto-te em elos brônzeos
acorrentado Prometeu
à dura rocha diante
da infinitude,
para que não regresse
à condição de mito
e homem seja entre os homens

– instrumento e penhor
de novo lume.

Ó cruz pesada,
                Espírito.
A matéria carrega-te
ao longo do caminho, sobe
e desce colinas, ao largo
dos eventos, desde
a primeira vigília
para chegar a uma clareira
até o agônico estertor
para permanecer
                nas brumas.

Tudo é negrume em torno
aquém e além de ti.
A estrela perde as esmeraldas
– neutro vitral obscuro.

ATÉ QUE UM DIA PREVALECES

Coluna aérea
que a matéria sustentas
no alto em corola.

MIRADOURO
(1968-1974)

SÍNTESE

Apanhei-te em flagrante
ó lógica selvagem.
Tenho-te em mãos pela raiz.
De tuas cores ofuscantes
fiz uma corola nítida
pétala a menos calidez a mais.

O SER ABSURDO

Inscreve-se na linha do humano.
Viaja galeras imponderáveis
acima das nuvens.
Sobre o campo dos famintos
atira flores.
Em auras vertiginosas
além da lua
quer novos prismas.
Para não ver o que há visto
ensurdecer às súplicas
não mais sorver a tragos
o estranho sabor do século?
Lá na planície os homens
se entredevoram. Que importa:
se encontra à salvo.
Humildes enfermos e velhos
se encolhem nas grotas.
Tanto faz: o ser absurdo
– por direito de escolha
ou por viso de humano –
toma o carro do sol.

CONFRONTO

Em relâmpago os bárbaros
no espaço.
Passo a passo os tímidos
no tempo.

Sob os pés dos vândalos
as pedras arrasam-se.
Do chão limpo os pacíficos
erguem torres bíblicas.

Os rebeldes, de árbitros,
destroem os ídolos.
Os dóceis, na dúvida,
valorizam as órbitas.

A fibra dos bárbaros
a astúcia dos tímidos.

AMOR

Um nome pode dizer tudo
ao clarão do crepúsculo.
De maremoto e terra sáfara
de vergéis e de pétalas
de antigalha e antigozo
de princípio e fins.
Um nome pode dizer tudo
de derrocadas e auréolas
de fruições e renúncias.
Um nome no ar no azul na areia
a respirar deserto e oásis.
Em auras de ira e de ternura
um nome com sabor de tâmara
em quentes lágrimas turvas
suspenso inscrito lacerado
entre as nuvens e o caos.
Um nome pode dizer tudo
se teus lábios o calam.

PENSAMOR

Como pesa pensamor
moeda de ouro em minha palma
sem que o perceba o doador.

Como é leve pensamor
ao peito que se abre em palma
para a seta que acertou.

PLUMA

A pungente doçura
de uma pluma
na minha palma
entre os dedos e o pulso.

Pássaro sem canto
a refugiar-se do horizonte
não prisioneiro ainda.
Coração nascente
trêmulo e intenso pálpito
entre o voo e o ninho.

o pulso lateja
na ânsia de retê-lo.
Mas os dedos se abrem
para libertá-lo.

VISLUMBRE

Terra vermelha aos punhos
Este é o módulo: terra.
Tom sobre tom de sangue e sépia
à flor do barro.
E de permeio o mogno
a madeira de cerne
a gema do ovo.
                    Em torno
às manchas de ocre dos galpões
os violáceos rochedos
do anoitecer a sós.

Como de ardósia um lume
pelo painel se infiltra
a serviço das sombras.

Soldados de carne e chumbo
ombro a ombro transidos
entre fumaça aos rolos?
Penitentes, acaso, rebotalhos
por um óbolo de ternura?
Troncos em trauma
esses espectros
de um mundo vão
atentam mudos para o alto

por força à espera
de que surja da nesga
em metal vislumbrada
pelo menos apenas
um som
        de flauta.

ESTRELITZIA

A Yeda Prates Bernis

Assim te vejo, flor
de bravura, aportada
do continente negro:
Pássaro de asas estalantes
a rigor o estridor
dependurado em gancho
frente a frente ao cavalo
estreleiro que empina
o pescoço no empeço.
Labareda violácea
a trepar pelo morro
entre flamante e azul. Cortando cerce
pelo fio do lombo. Este cravelho
que dos postiços vai zarpar
para o outro lado – pelo sol.
Grito de aurora ecoando
surdamente no esconso
em jogo de cristas.
Agressivo florete à luta
de estrela a estrela por lampejos
e latejos de sangue onde bicar.
Ao despertar dos galos

açoite contra açoite no fustigo
de cruzadas e rumos
em discórdia ancestral.
Madeira ao fogo de rebentos
ardida seiva. Sal no fogo
a crepitar em chispas. Puro fogo
de guerrear e vencer.

PÁSSARO

I

Pássaro rápido
no espaço diáfano

Quem o viu? Passou.
Cortando o céu
tesoura célere
seta minúscula
argênteo azul
no imenso toldo
todo azul.

Pássaro frio
na mira de algo
jacto imprevisto
que à vista do alvo
se arrisca.

De encontro aos vidros
do etéreo logo
a estilhaçar-se
– diamantes e riscas
de fogo.

II

Um pássaro cantou
no ermo agreste.
Que pássaro foi
este?

Não o pássaro branco
na escalada
das núpcias.

Não o pássaro azul
nos longínquos
da beatitude.

Não o pássaro de ouro
nas ardências
da noite.

Pássaro anônimo
a enunciar
no seu entono
em desalento
a inexistência
de outro pássaro.

III

Pássaro insano
esse violino
que se arvora em domínio.
Lume espada

fere e larga
toma e embalsama
ressuscita e mata.

Pássaro insano
capaz
de vencer paredes
com seus nervos de aço,
de atingir num átimo
o puro azul,
de enredar os céus
de véus e de asas
para de improviso
descer abismos
de despojamento
em deleite
lento.

Pássaro de som
insano humano
finito infinito
para sempre ouvido.

ÁTRIO

No circuito azul
entre róseas névoas

um triângulo verde.
Não mais do que átrio:
campo de mosaicos
painel de azulejos.

Aqui no vestíbulo
à falta de chave
adequada à porta
um ar de sigilo.

Não há quem desnude
do umbral para fora
motivo ou pretexto
do azul frontispício
dos rosados flocos
do esboço verdoso.

E os olhos que miram
pesquisando enigmas
ardem de tão frios.

MOMENTO

Entre os sondados cílios
entornando ternura
de águas foscas – a dúvida.

Mas dos trêmulos dedos
ao marfim das delongas
num relâmpago – a dádiva.

O MITO

Brilhou de súbito.
O ser primeiro
a regressar do etéreo.
E tornou-se o centro do mundo.
Para ele convergiam cintilas
diamantes troféus
curvaturas de arco-íris.
O coração batia célere
e os olhos dardejavam úmidos
de contemplá-lo.

Porque foi que empalideceu
quando foi que empalideceu
como se longo reposteiro
o interceptasse?

Da distância mal o percebo
sem adeus sem lágrimas pálido
pálido
        pálido
                pálido

O DOM

Esse dom de prever
o imprevisível de uma
certa forma nenhuma

De elidir o visível
ao sol quando à penumbra
o invisível explode

Esse dom de sofrer
outra vez o sofrido
só por mais limpidez

De principiar após
o término de tudo
sem ter chegado a cabo

Esse do reflexo mútuo
é o dom de quem mata
do que morre

Inventor Arquiteto
Construtor Operário Artista.

A galáxia refluía à fonte:
são os astros de humana estirpe
entressonhados noite a noite
que coroam Brasília.

QUARTETO NOSTALGITÁLIA

I/ROMA

Paredes grossas paredes
levantadas de orgulho.
Ouro velho
madeira rosa
pedra cálida.
O casario grávida
de tesouros
ainda e sempre
à espera.
E no profundo estofo
ao abrigo do tempo
a flama virgem.
O passado não conta: está presente
em dóceis curvas de voluta
em dobras de planejamento
em ecos de colunata
na radiosa nudez
de corpos sobre pedestais.
Os sussurros do Tibre
para as sete colinas
falam de guardiães invisíveis.

Áugures e vestais caminham
no antigo passo rítmico
pelas ruas. O vento
de outros séculos se ouve
as ruínas aflorando. No alto
pairam as águias da vigília.
Na água em estilhas sobre as salvas
perpassa o frêmito da origem.
Canta de bronze a voz do sangue.
Cármina rústica.
                      Eterno agora.
Tudo previsto e tanto impacto
nesta noite igual a si mesma:
um rapto rútilo de beijos.
Peso e transcendência de mármore
na própria carne transitória.

II/FLORENÇA

Os anjos da invisível balança
encontraram repouso.
Florença guarda nos seus imos
a força estática.
Nobreza de ponta a ponta
pedal de tônica.
Volume e espaço em andamento
de música, em tessitura
de claridade que apascenta
claridade maior.
Módulo coloquial
granito bronze opala
em que se afinam e ajustam

violoncelos ardentes
e lonjura de flautas.
Enquanto o sereno plectro
leva aos cimos o mais leve.
Assim aos poucos
o pormenor se desvanece
evaporam-se os ângulos e as curvas
aligeiram-se as argamassas
de palácios e templos
arredam-se pilastras e pórticos
anuviam-se capitéis e domos
uma fímbria de seda
vela o tom dos retábulos
das estátuas nos plintos
transparece o desenho.
Ei-lo que surge – reversível –
de um primitivo impulso
pela entressonhada beleza
(Brunelleschi)
de um contemplar primeiro
a imagem nascitura
(Ghiberti)
de uma primeva aurora
antes da forma antes do azul
(Michelangelo)
– o puro espírito criador.

III/VENEZA

O trampolim. O arco florido.
O salto a medo. O sol nas águas.
E esse embalo de gôndola

que não deixa fixar
o espetáculo em bloco.
Baila o oblíquo mosaico
em voluteio de topázios.
Ao léu das ondas franja leve
as muralhas ducais.
Nenhum apoio contra o tempo.
As resinas do álamo negro
escorrem dos altiplanos.
Onde os carvalhos e os lariços
de milenar sustentação
para o peso do mármore?
Ao vento que vem do deserto
Veneza oscila o circo em cores
o corpo encanece e adolesce
de angústia e rubor em réstias
escarlate e marfim.
É cedo e é tarde para o amor.
Ao envolvimento das algas
vai soçobrar no alagadiço
de comércios e de ócios
o cofre-forte do tesouro.
Nada fica. Nada se leva.
Tudo é chegada e partida.
Tudo se esfolha à superfície
para restar em nostalgia.
Então de transparência fluida
a estremecer alabastros
sobe um canto de cisne.
Pelo fascínio de si mesma
– a sereia e seu próprio canto –
já Veneza está salva
na alegria das sete dores

nas arcarias de mãos postas
na altaneria dos frontões
nas escadarias de ouro
nas mesmas veias abertas
de doce vinho maduro.
Ah! que Veneza é cerne humano
a construir pontes e suspiros
para que as almas se reencontrem.

IV/TRIESTE

A Filha da Itália acorda
em verdes bosques. E adormece
em águas de azul espelho.

A fruta mais tenra da horta
de doçura que só em Trieste
aguarda a mão que a vai colher.

Espreita alguém em Miramare
através dos cristais da aurora
à orla de um pálido augúrio:
Sob a lua de mel e nácar
quanto tempo a nave demora
que vai do amor para a loucura?

O trigo de ouro irrompe em junho
numa revoada de conjunto
madeixas ao sol e ao vento
Da solidão posta em vigília
sob a neve meses a fio
não há memória que se lembre.

Rios pavoneiam as caudas
entre eucaliptos esgaldos
e gordos tufos de macieira.
Entanto um pé de oleandro se inclina
a ver se surpreende o sigilo
do pequenino Rio Zero.

Junto às ilhargas da colina
pedras têm nome de batismo
escrito a sangue ainda cálido.
Cada vez que as sílabas tremem
de recolher alguma lágrima
nasce uma flor para o diadema.

REVERBERAÇÕES
(1975)

ADORNO

De madeira um toro
                indo ao torno
sob condição
        de bom gosto

ALICERCE

Ali cerce do alto
                discurso
um profundo
            sentido oculto

ANGÚSTIA

Em torno
        a clausura do roxo
E um ressaibo de fel
              à boca

CALENDÁRIO

Calada floração
           fictícia
caindo da árvore
           dos dias

CASULO

    A seda azul
             acaso ondula
   no corpo
         em natureza pura

CHILREIO

Grácio granizo
            de chaveiros
espalhando beijos
            brejeiros

COLGADURA

    Ao longo um manto
                      todo negro
    do enforcado
             com seu segredo

ESCALADA

Lá vai
      entre o gelo e o vapor
à frente do herói
          o impostor

HOLOCAUSTO

Cenário em que o mártir
                    exausto
prolonga a luz
            dos olhos castos

INQUÉRITO

    Abertas queixas
                   a granel
  de bem me quer
                   a mal me quer

LAMÚRIA

    Lá onde mugem
              bois cansados
   muda elegia
        inenarrável

MARAVILHA

Se o cego visse
               o sol que brilha
falasse o mundo
               o surdo ouvisse

NOSTALGIA

    Viver e pressentir
                     à antiga
  todo o acre-doce
                do tardio

PRESSÁGIO

Ágil ponteiro
           provisório
precede as marcas
              do relógio

RETORNO

Tocar de volta
           o mesmo porto
e perceber
        que algo está morto

SENTINELA

Dentro da noite escura
                        o alerta
para o mistério
                  que desperta

VINDIMA

Hora prima
        de conhecer
o veredicto
        da promessa

POUSADA DO SER
(1976-1980)

ASSOMBRO

Século de assombro – este século.
De violência em progresso.
                    E os outros séculos?
Cada ser ao sentir o peso do mundo
não terá dito: século de assombro?

O assombro seca a própria sombra
de tanto secar a existência:
Sequidão de corações e mentes
Secura de corpo nos ossos
Legião de cegos e de inaptos
Asfixia de túneis e masmorras
Mantos e esgares de hipocrisia
Sevícia para fins de anuência
Acúmulo de monstros e monturos
– Assombro à cunha.

Porém acima de qualquer assombro
aquele assombro vindo de antanho
para atravessar o século
de ponta a ponta – flecha escusa – e ser
perene assombro dos mortais
– a morte.

DO SUPÉRFLUO

Também as cousas participam
de nossa vida. Um livro. Uma rosa.
Um trecho musical que nos devolve
a horas inaugurais. O crepúsculo
acaso visto num país
que não sendo da terra
evoca apenas a lembrança
de outra lembrança mais longínqua.
O esboço tão somente de um gesto
de ferina intenção. A graça
de um retalho de lua
a pervagar num reposteiro.
A mesa sobre a qual me debruço
cada dia mais temerosa
de meus próprios dizeres.
Tais cousas de íntimo domínio
talvez sejam supérfluas.
     No entanto
que tenho a ver contigo
se não leste o livro que li
não viste a rosa que plantei
nem contemplaste o pôr do sol

à hora em que o amor se foi?
Que tens a ver comigo
se dentro em ti não prevalecem
as cousas – todavia supérfluas –
do meu intransferível patrimônio?

APARÊNCIA

Entre os enleios do mundo
não descuide a aparência
à hora em que o lusco-fusco
desse mundo se adensa.

O musgo verde sobre a ruína.
Algum açúcar sobre o amargo.
A fina teia que elimina
as arestas do agravo.

Basta o verniz a bem do estilo.
Um penhor de brilho nos olhos
logra ofuscar pelo visto
a substância mais sólida.

Ser de fato não interessa
(pelo que parece). A aparência
afeita ao sonegar sonega
e dorme o sono da inocência.

NOTÍCIA MINEIRA

para Lúcia Machado de Almeida

No rio a draga flutua
presa à terra pelos ares
(Nosso corpo oscila a influxos
de sombra e de claridade)

Fios de aço em movimento
congregam líquido e solo
(Da levitação ao sólido
os sentidos ficam tensos)

Vai da balsa para a beira
nas peneiras vibratórias
o volume do minério
misto de pureza e escória

(Alcatruzes de alta espécie
trazem de águas mais profundas
convergência de mistérios
para que não haja dúvida)

O moinho mói os satélites
e deixa o diamante intacto
De um por mil eis a reserva
subtraída do cascalho

(Da provação à vitória
colhe pouco o ser humano
Mas o pouco é mais precioso
que a fartura do restante)

Desmonta-se a vida em parte
e a alma de luz transparece:
"o moinho mói os satélites
e deixa o diamante intacto"

CELEBRAÇÃO DOS ELEMENTOS
(1977)

ÁGUA

Diamante de primeira água
água melhor do que diamante
água que brota virginal
e maternal da própria fonte.
Ao despenhar-se da pedreira
em nítidas franjas de espuma
é vestido de noiva às vésperas
da inauguração do mundo.
Tálamo de lírio e açucena
elo de amor que se recata
aos acenos da mão de Deus
palmilha devagar a várzea.
Água limpa de natureza
que toda corrupção supera
após ter lavado gangrenas
ascende à via láctea em névoa.
Salta de regatos e esguichos
alegria jogo de pérola
nos entraves se desperdiça
água menina que se atreve.
Humilde forma provisória
não desbordaria do cântaro
porém se vai vereda afora
envolta em caudal de arrogância.
Já não reconhece fronteiras

recolhe rios no percurso
em turbulência se despeja
nos abismos de sal do oceano
sobe às nuvens desce em dilúvio.
Onde o orvalho em translucidez
a face do lago em remanso
a pureza daquele sorvo
que nos matara a sede há pouco?
Deslustrou-se a fonte com o tempo?
Da graça nada mais lhe resta?
Entretanto algures latente
a essência da água permanece:
no tecido humano se instala
à seiva das plantas preside
dá de beber aos seres vivos
acelera massas e máquinas
à transcendência se dispõe.
E amanha será como foi
no seu destino de doação.

AR

Plumagem desgarrada em busca
de outras plumagens desgarradas
o ar voluteia na amplitude
e larga o giro sempre mais
no alvoroço das descobertas
libertário de plena audácia.
Sem itinerário qualquer
cantarolando assobiando
fremindo rindo retinindo
ao balanço das próprias asas
em volta de espigas e vinhas,
o anunciador da boa-nova
o portador do amor instável
o mesmo transgressor de normas
é carícia sobre os cabelos
logo é lufada em meio a telhas.
No concerto das madrugadas
com sustenidos e bemóis
é um som de flauta que divaga
de tom menor a tom maior.
É têmpera de redemoinho
abraço não correspondido
que envolve o talo da roseira
e que abre as pétalas da rosa
com doçura ou desfaçatez.

É dádiva que se divide
entre esplanada e calabouço
visitando cidades e ilhas
penetrando poros despertos
promovendo velhos encontros.
Abram-se portas e janelas
para o reinado do invasor.
Ar das praias   ar das campinas
das montanhas   de não sei onde
talvez de outrora, sê bem-vindo!
Quero usufruir tuas delícias
até o fundo dos pulmões
para que alma e corpo se portem.
Ar azul de azul invisível
feito de espírito e matéria
tu és vitória sobre a morte.
Pois além dessa vida etérea
que existe em função do amanhã
significas ressurreição.

FOGO

Diadema de desejo que arde
no rubro coração dos homens
com envolvimento de nardo
o fogo é vida em combustão.
Solto depois de prisioneiro
em breve se impulsiona e alastra
não se contenta de si mesmo.
Vulto de bronze em vertical
toma de púrpura   desata-a
empunha a tocha e segue a trilha
que se traçou para a conquista.
Nume de estrépito e espetáculo
sustenta lábaros de guerra
colhe madeira   ateia incêndio
serras e montanhas escala
ergue-se no último degrau.
No ápice do orgulho estremece
labareda vinga o labéu
ontem ferido de emboscada.
Às vezes fogo-fátuo a furto
desaparece pelos pântanos
e numa cupidez de abutre
nutre-se das próprias entranhas.
Mas de novo se reverbera
em fricção de pedra na pedra.

Mergulha então – tição de pira –
na água que vai tornar lustral
propícia ao culto do batismo
e cerimônias augurais.
De puro agora purifica
tem rédeas e tenazes de ouro.
Junto às humanas cicatrizes
sofreia os impulsos de touro.
Recolhe-se aos lares   protege-os
abençoa o pão na fornalha.
Amor e paz. Como é singelo
ao acender nos templos vastos
não mais que a lâmpada votiva!
Acaso sentindo-se à míngua
vela de cera tremulante
da mesma cegueira se extingue.
E já pela noite se inflama
em jactos e rojões de estilo
a constelar os céus da infância.

TERRA

Terra antiquíssima tão só
no escuro túnel de milênios
que te desmembraste do sol
por uma aspiração extrema.
Ardente de erosões, fogosa
de vulcões de cinzas de lavas
movente sem base nem topo
talvez pela fome do lar
giras em torno do teu deus.
Terra suspensa dos espaços
imaginas que sejam teus
os astros em afluência prontos
para a decoração das noites.
Em gravitação te equilibras
por fatalidade ou magia.
Contudo já não és a mesma
tantas vezes desmoronaram
tuas montanhas, tantas vezes
estremeceram os teus vales
em invento e composição.
Terra humana de areia e argila
exposta à intempérie. E à premência
do homem que a carne te lacera
para defender seu quinhão.
Por certo ele aprendeu contigo

o exercício criador de formas
em modelos que se renovam
com seus êxitos e deslizes.
Maravilhou-se com a clivagem
dos teus cristais de faces múltiplas.
Ofuscou-se diante da alvura
alma e corpo dos alabastros.
Perdeu-se de si próprio em busca
de ouro ferro petróleo urânio.
Entre os lavores e a lavoura
o homem te ama de amor insano
pleno de luxúria e cobiça.
Mas ao desconserto resistes.
E nos ardores da defesa
aniquilas o aventureiro
que ainda cinzela de teus mármores
o hipogeu para o sono intérmino.
Por fim os pés que te pisaram
repousaram sob tua égide.

Biografia

Henriqueta Lisboa nasceu em Lambari, Minas Gerais, no dia 25 de julho de 1901. Frequentou o curso primário no Grupo Escolar Doutor João Braulio Jr., em Lambari, e cursou o Colégio Sion de Campanha, onde concluiu os estudos para professora. A diretora, então, apelidou-a de *"la petite orgueilleuse"*, pois era tímida e solitária. Em Belo Horizonte, tornou-se Inspetora Federal de Educação Superior, professora de Literatura Universal na Escola de Biblioteconomia de Minas Gerais, professora catedrática de Literatura Hispano-Americana na Universidade Católica de Minas Gerais. Foi membro do Instituto Histórico de Minas Gerais. Em 4 de julho de 1963 elegeu-se membro da Academia Mineira de Letras, foi a primeira mulher a ingressar naquele sodalício. Manteve contato com Basílio de Magalhães, escritor, jornalista, professor do Colégio Dom Pedro II e especialista em folclore, que acabou influenciando a escritora mineira. Também se aproximou de Mário de Andrade, com quem manteve intensa correspondência. Já se publicaram as cartas do grande líder do Movimento Modernista. Cogita-se, agora, de editarem as cartas da autora mineira. Conheceu a poeta chilena, ganhadora do Prêmio Nobel de Literatura, Gabriela Mistral, quando esta esteve em Belo Horizonte em 1943, oportunidade em que, já conhecedora da obra de Henriqueta Lisboa, pronunciou uma conferência sobre *O menino poeta*. A estreia literária da poeta se deu em 1925 com a obra *Fogo-fátuo,* que ela excluiu do conjunto da obra poética. Em 1984, obteve o Prêmio Machado de Assis da Academia Brasileira de Letras. Henriqueta Lisboa faleceu em 9 de outubro de 1985. Coincidentemente, 9 de outubro foi a data de nascimento do seu amigo Mário de Andrade, em 1893.

BIBLIOGRAFIA

Poesia

Enternecimento. Rio de Janeiro: Pongetti, 1929.
Velário. Belo Horizonte: Imprensa Oficial, 1936.
Prisioneira da noite. Rio de Janeiro: Civilização Brasileira, 1941.
O menino poeta. Rio de Janeiro: Bedeschi, 1943; 2. ed. Belo Horizonte: Secretaria de Estado de Educação de Minas Gerais, 1975.
A face lívida. Belo Horizonte: Imprensa Oficial, 1945.
Flor da morte. Belo Horizonte: João Calazans, 1949.
Poemas (Flor da morte e *A face lívida).* Belo Horizonte: João Calazans, 1951.
Madrinha lua. Rio de Janeiro: Hipocampo, 1952; 2. ed. Rio de Janeiro: Os Cadernos de Cultura, 1958; 3. ed. Belo Horizonte: Coordenadoria de Cultura de Minas Gerais, 1980.
Azul profundo. Belo Horizonte: Ariel, 1958; 2. ed. Belo Horizonte: Xerox, 1969.
Lírica (obra poética reunida). Rio de Janeiro: José Olympio, 1958.
Montanha viva: Caraça. Belo Horizonte: Imprensa Oficial, 1959; *Montanha viva*: Caraça/*Mons vivus seu Mons Caracensis.* 2. ed. Belo Horizonte: São Vicente,

1977 (edição bilíngue, com tradução latina de Samelius et Laurentius).

Além da imagem. Rio de Janeiro: Livros de Portugal, 1963.

Nova lírica. Belo Horizonte: Imprensa Oficial, 1971.

Belo Horizonte bem querer. Belo Horizonte: Eddal, 1972.

O alvo humano. São Paulo: Editora do Escritor, 1973.

Poemas escolhidos/Chosen poems. Trad. de Hélcio Veiga Costa. Belo Horizonte: Eddal, [s.d.].

Poemes choisis. Trad. de Vera Conradt. Belo Horizonte: [s.n.], 1974.

Reverberações. Belo Horizonte: [s.n.], 1976.

Miradouro e outros poemas. Rio de Janeiro: Nova Aguilar; Brasília, INL, 1976; 2. ed. Rio de Janeiro: Nova Fronteira, 1977.

Celebração dos elementos: água, ar, fogo, terra. Belo Horizonte: [s.n.], 1977.

Casa de pedra: poemas escolhidos. São Paulo: Ática, 1979.

Ensaios

Alphonsus de Guimaraens. Rio de Janeiro: Agir, 1945.

Convívio poético. Belo Horizonte: Secretaria da Educação de Minas Gerais, 1955.

Vigília poética. Belo Horizonte: Imprensa Oficial, 1968.

Vivência poética. Belo Horizonte: [s.n.], 1979.

Organização

Antologia poética para a infância e a juventude. Rio de Janeiro: INL, 1961; 2. ed. Rio de Janeiro: Livros de Bolso, 1966.

Literatura oral para a infância e a juventude. São Paulo: Cultrix, 1968; 2. ed. São Paulo: Cultrix, 1969.

Colaboração

O meu Dante. São Paulo: Instituto Cultural Ítalo-Brasileiro, 1965.
Mário de Andrade. Belo Horizonte: Imprensa Oficial, 1965.
Guimarães Rosa. Belo Horizonte: Centro de Estudos Mineiros, Universidade de Minas Gerais, 1966.
Para gostar de ler: poesias. São Paulo: Ática, 1982. v. 6.

Tradução

Poemas escolhidos de Gabriela Mistral. Rio de Janeiro: Delta, 1969.
Cantos de Dante. São Paulo: Instituto Cultural Ítalo-Brasileiro, 1970.

Prêmios

Primeiro Prêmio da Academia Brasileira de Letras. Primeiro Prêmio da Academia Mineira de Letras. Primeiro Prêmio da Câmara Brasileira do Livro – São Paulo. Medalha de Honra da Inconfidência de Minas Gerais. Medalha de Bronze do Governo Italiano. Medalha de Mérito da Municipalidade de Belo Horizonte. Prêmio Presença da Itália no Brasil. Prêmio Brasília de Literatura (conjunto da obra). Prêmio Poesia 76, da Associação Paulista de Críticos de Arte – São Paulo.

OBRAS SOBRE A AUTORA

AGUIAR, Maria Arminda de Souza. Poética da ausência. *Jornal do Brasil,* Rio de Janeiro, 16 jan. 1977.

ALMEIDA, Lúcia Machado de. Novo livro de Henriqueta. *Última Hora,* Belo Horizonte, 7 set. 1963.

———. Gente livros e bichos. *Estado de Minas,* Belo Horizonte, 7 out. 1979.

———. Ponto alto de uma carreira luminosa. *Estado de Minas,* Belo Horizonte, 3 fev. 1983.

ALVARENGA, Terezinha. Henriqueta Lisboa: a própria poesia. *Estado de Minas,* Belo Horizonte, 12 ago. 1982.

———. Sobre Pousada do ser. *Estado de Minas,* 10 fev. 1983.

ALVES, J. Guimarães. Flor da morte. *Estado de Minas,* Belo Horizonte, jan. 1950.

AMEAL, João. O menino poeta. *Diário da Manhã,* Lisboa, 12 fev. 1946. Rumos do Espírito.

ANDRADE, Carlos Drummond de. Henriqueta Lisboa. In: *Passeios na ilha.* Rio de Janeiro: Organização Simões, 1952.

———. Se eu fosse consultado. *Jornal do Brasil,* Rio de Janeiro, 14 abr. 1977.

———. Semana: entre o juro e a poesia. *Jornal do Brasil,* Rio de Janeiro, 29 set. 1979.

ANDRADE, João Pedro de. Velário. *O Diabo,* Lisboa, 5 ago.1939.

ANDRADE, Mário de. Coração magoado. In: *O empalhador de passarinho.* 2. ed. São Paulo: Martins, 1955.

ANDRÉ, Oswaldo. Leitura obrigatória. *A Semana,* Divinópolis, 30 abr. 1983.

ARAÚJO, Henry Corrêa de. Bem-querer de poeta. *Estado de Minas,* Belo Horizonte, 20 jul. 1972.

ARAÚJO, Laís Corrêa de. Henriqueta Lisboa: algo de sombra e orvalho. *Estado de Minas,* Belo Horizonte, 14 jul. 1963.

──────. Lúcida e límpida vigília. *Boletim Mensal da Sociedade Amigas da Cultura,* maio 1979.

──────. Roda Gigante. *Estado de Minas,* Belo Horizonte, 6 fev. 1983.

ATHAYDE, Austregésilo de. Meio século glorioso. *Jornal do Comércio,* Rio de Janeiro, 18 maio 1979.

AUTORES e livros: homenagem a Henriqueta Lisboa. *Estado de Minas,* Belo Horizonte, 29 set. 1979.

ÁVILA, Afonso. Poesia em retrospecto. *Revista Tentativa,* Belo Horizonte, mar. 1951.

AYALA, Walmir. Dois poemas. *Diário Carioca,* Rio de Janeiro, 22 fev. 1959.

BAHIA, Maria Cristina; BERNIS, Yeda Prates; MAGALHÃES, Geraldo. Reportagem e artigos. *Estado de Minas.* Belo Horizonte, 30 out. 1977.

BANDEIRA, Manuel. *Andorinha andorinha.* Rio de Janeiro: José Olympio, 1966. p. 182-183.

BARRETO, Lázaro. Pousada de ser. *Suplemento Literário Minas Gerais,* Belo Horizonte, 27 ago. 1983.

──────. O ser e a ansiedade diante do mundo. *O Estado de S. Paulo,* São Paulo, 13 jan. 1983.

BASTIDE, Roger. Poesia feminina e poesia masculina. *O Jornal,* Rio de Janeiro, 29 dez. 1945.

BATISTA, José. Henriqueta. *Diário de Notícias,* Rio de Janeiro, 13 set. 1964.

BOSI, Alfredo. *História concisa da literatura brasileira.* São Paulo: Cultrix, [s. d.]. p. 431, 488, 515.

BRASIL, Assis. Henriqueta Lisboa. In: *Dicionário prático de literatura brasileira.* Rio de Janeiro: Ed. de Ouro/Tecnoprint, 1979. p. 144-146.

―――. Marca pessoal: livros. *Revista Escrita,* São Paulo, 18 abr. 1977.

BRITO, Mário da Silva. Henriqueta Lisboa. In: *Panorama da poesia brasileira.* Rio de Janeiro: Civilização Brasileira, 1959. v. 6.

BUENO, Antônio Sérgio. A antecâmara da perfeição. *Suplemento Literário Minas Gerais,* Belo Horizonte, 28 jan. 1978.

CAMPOMIZZI FILHO. O menino poeta. *Gazeta Comercial,* Juiz de Fora, 8 jul. 1977.

―――. Miradouro. *Gazeta Comercial,* Juiz de Fora, 1977.

―――. Casa de pedra. *Estado de Minas,* Belo Horizonte, 7 ago. 1979.

CARA, Salete de Almeida. Lirismo, metáforas. Uma poesia sempre fiel às suas origens. *Jornal da Tarde,* São Paulo, 28 jan. 1983.

CASTELO BRANCO, Wilson. Flor da morte. *Diário de Minas,* Belo Horizonte, 1950.

CÉSAR, Guilhermino. A experiência do recato. *Correio do Povo,* Porto Alegre, 20 out. 1979. Caderno de Sábado.

―――. Pousada do ser. *Correio do Povo,* Porto Alegre, 12 fev. 1983; e *Estado de Minas,* Belo Horizonte, 28 maio 1983.

CHAVES, Ruth Maria. Rara harmonia, duro diamante. *Tribuna da Imprensa,* Rio de Janeiro, 9 fev. 1957.

CHRYSTUS, Míriam. A poesia, há 50 anos, na vida de Henriqueta. *Jornal de Casa,* Belo Horizonte, 6-12 maio 1979.

CRESPO, Angel. *Antologia de la poesia brasileña.* Barcelona: Seix Barral, 1973. p. 76, 275-282.

———. Poemas de Henriqueta Lisboa. *Revista de Cultura Brasileña,* Madrid, marzo 1969. p. 5-19.

DAMASCENO, Darcy. Além da imagem: a coisa por dentro. *Correio da Manhã,* Rio de Janeiro, 25 dez. 1964.

Destaque para os 50 anos de publicação de Enternecimento. *Jornal do Brasil,* Rio de Janeiro, 29 dez. 1979. Caderno B.

DUARTE, José Afrânio Moreira. A grande dama da poesia brasileira. *Diário de Minas,* Belo Horizonte, 8 jul. 1970.

———. Henriqueta, poeta maior. *Estado de Minas,* Belo Horizonte, 27 set. 1973.

———. Presença da poesia de Henriqueta. *Estado de Minas,* Belo Horizonte, 3 jun. 1977.

———. Henriqueta Lisboa: lucidez e sensibilidade. *Estado de Minas,* Belo Horizonte, 13 out. 1979.

———. Reverberações entre música e palavra. *Estado de Minas,* Belo Horizonte, [s.d.].

———. Poeta maior. *Estado de Minas,* Belo Horizonte, 27 jun. 1979.

DURVAL, Carlos. *Poetas do Modernismo.* Rio de Janeiro: Instituto Nacional do Livro, 1972. v. 5. p. 55-110. (Estudo Crítico).

FARIA, Ângela. A eterna poesia de Henriqueta Lisboa. *Jornal da Casa,* Belo Horizonte, 13 fev. 1983.

FARIA, Otávio de. Poesia de Henriqueta Lisboa. *Correio da Manhã,* Rio de Janeiro, 3 mar. 1964.

FELIPE, Carlos. Os 50 anos de poesia de Henriqueta. *Estado de Minas,* Belo Horizonte, 24 jun. 1979.

FIGUEIRA, Gastón. *Poesia brasileña contemporánea.* Montevideo: Instituto de Cultura Uruguayo-Brasileña, 1947.

FIGUEIREDO, Guilherme. A poesia de Henriqueta Lisboa. *Correio do Povo,* Porto Alegre, 28 jan. 1979.

FRANCO, José. Poetisa Henriqueta Lisboa. *A Cigarra,* São Paulo, 5 maio 1964.

FRANCESCHI, Antônio Fernando de. Louve-se esta poesia maior. *Isto É,* 12 jan. 1983.

FREIRE, Natércia. Uma breve nota. *Diário de Notícias,* Lisboa, 3 set. 1970. Artes e Letras.

FRIEIRO, Eduardo. Velário. In: *Letras mineiras.* Belo Horizonte: Amigos do Livro, 1937.

FROTA, Lélia Coelho. Convívio. *Tribuna da Imprensa,* Rio de Janeiro, 27 set. 1957.

——. Um destino de silêncio. *Jornal do Brasil,* Rio de Janeiro, 22 mar. 1975.

GOMES, Danilo. Henriqueta Lisboa, ensaísta. *Jornal do Comércio,* Rio de Janeiro, 20 mar. 1983.

GUIMARAENS FILHO, Alphonsus de. Através de uma poesia. *Revista do Livro,* Rio de Janeiro, n. 3-4, p. 249-253, dez. 1956.

GUIMARÃES, Carmen Schneider. Henriqueta Lisboa no seu jubileu de ouro da poesia. *Estado de Minas,* Belo Horizonte, 27 jun. 1979.

GUIMARÃES, Torrieri. Bilhete a Henriqueta Lisboa. *Folha da Tarde,* São Paulo, 20 dez. 1976.

HADDAD, Jamil Almansur. Madrinha lua. *Folha da Manhã,* São Paulo, 14 dez. 1952.

HENRIQUETA Lisboa: 50 anos dedicados à poesia. *Jornal de Letras,* Rio de Janeiro, jun. 1979.

HOLANDA, Sérgio Buarque de. Flor da morte. *Diário Carioca,* Rio de Janeiro, 10 ago. 1950.

HORTA, Luiz Paulo. Visão profunda. *Jornal do Brasil,* Rio de Janeiro, 22 jan. 1983.

JACINTA, Maria. Henriqueta Lisboa. *Esfera,* Rio de Janeiro, 1936.

JUNQUEIRA, Ivan. Henriqueta Lisboa: entre a música e o silêncio. *O Globo,* Rio de Janeiro, 19 ago. 1979.

KOPKE, Carlos Burlamaqui. Arte de Henriqueta Lisboa. In: *Faces descobertas.* São Paulo: Martins, 1944.

―――. Um inventário de peregrinações: Miradouro e outros poemas – poesia. *Clube de Poesia,* São Paulo, dez. 1977.

LEÃO, Ângela Vaz. Evolução de um poeta. In: *Kriterion.* Belo Horizonte: UFMG, 1963. v. 16.

LEITE, José Roberto Teixeira. Lírica. *Cadernos Brasileiros,* Rio de Janeiro, n. 2, set. 1959.

LEONARDOS, Stella. Cantos de Dante. *Estado de Minas,* 22 jan. 1970.

―――. Entrevista de Henriqueta Lisboa – Poesia, vocação desde a infância. *Jornal de Letras,* Rio de Janeiro, jul. 1978. 1º Caderno.

LINS, Ivan. Henriqueta Lisboa (Saudação na Academia Brasileira de Letras). *Jornal do Comércio,* Rio de Janeiro, out. 1974.

LOBO FILHO, Blanca. *A poesia de Henriqueta Lisboa.* Trad. Oscar Mendes. Belo Horizonte: Imprensa Oficial, 1966.

―――. *A poesia de Emily Dickinson e de Henriqueta Lisboa.* Trad. Oscar Mendes. Belo Horizonte: Imprensa Oficial, 1973.

———. *The poetry of Emily Dickinson and Henriqueta Lisboa*. Norwood: Norwood Editions, 1978.

———. *Selected poems*. Norwood: Norwood Editions, 1978. (Tradução para inglês e alemão).

LOPES, Álvaro Augusto. Lírica. *A Tribuna*, Santos, 8 mar. 1959.

LUCAS, Fábio. Henriqueta Lisboa. *A face visível*. Rio de Janeiro: José Olympio, 1973. p. 70-73.

———. Lira cinquentenária. *Colóquio/Letras*, Lisboa, n. 52, p. 73, nov. 1979.

———. Poesia em questão: o alvo humano. *Letras de Hoje*, Porto Alegre, n. 35, mar. 1979.

———. Henriqueta Lisboa: o tema e a técnica. In: *Temas literários e juízos críticos*. Belo Horizonte: Tendência, 1963.

———. Poesia de Henriqueta Lisboa. In: *Do Barroco ao Moderno*. São Paulo: Ática, 1989.

———. Lembranças de Henriqueta Lisboa. In: *Mineiranças*. Belo Horizonte: [s.n.], 1991.

LUZ E SILVA. O eterno dentro do efêmero: poesia 4. *Clube de Poesia de São Paulo*, São Paulo, p. 36-39, jun. 1979.

MACHADO. Aires da Mata. O menino poeta, Caveira de sempre, Mundo irrealizado e Lúcida poesia da morte. In: *Crítica de estilos*. Rio de Janeiro: Agir, 1956.

MACHADO FILHO, Aires da Mata. A palavra e os silêncios na poesia de Henriqueta Lisboa. *O Estado de S. Paulo*, São Paulo, 3 abr. 1977.

———. Um romance e vários poemas. *O Estado de S. Paulo*. São Paulo, 13 maio 1977.

MAGALDI, Femando. Henriqueta, bodas de ouro com a poesia. *Folha de S.Paulo*, São Paulo, 26 dez. 1979. Ilustrada.

MALDONADO, João C. Nova lírica: cidade em prosa e verso. *Folha de São Borja,* Rio Grande do Sul, 27 jan. 1979.

———. Tribuna Literária. *Tribuna de Petrópolis,* 23 jan. 1983.

MARTINS, Wilson. Duas poetisas. *O Estado de S. Paulo,* São Paulo, 7 mar. 1959.

MATOS, Aníbal. Apresentação do livro Prisioneira da Noite. *Minas Gerais,* Belo Horizonte, 21 jan. 1941.

MENDES, Oscar. Henriqueta Lisboa. In: *Poetas de Minas.* Belo Horizonte: Imprensa Publicações, 1970. p. 95-117.

———. Uma louvável reedição. *Estado de Minas,* Belo Horizonte, 22 out. 1975.

MENEGALE, Heli. Prisioneira que liberta. *O Diário,* Belo Horizonte, 6 fev. 1941.

MENEGALE, J. Guimarães. Alertada para as ricas sutilezas da língua. *Revista Leitura,* Rio de Janeiro, mar. 1959.

MENEZES, Carlos. Reunidos em Casa de pedra. *O Globo,* Rio de Janeiro, 3 ago. 1979.

MENEZES, Raimundo de. Henriqueta Lisboa. In: *Dicionário literário brasileiro.* 2. ed. Rio de Janeiro: Livros Técnicos e Científicos, 1978. p. 374.

MEYER-CLASON, Curt. *Brasilianische poesie des 20; jahrhunderts.* München: DTV, 1975.

MILLIET, Sérgio. Flor da morte e lembrança de Rilke. *O Estado de S. Paulo,* 25 fev. 1950.

MISTRAL, Gabriela. A poesia infantil de Henriqueta Lisboa. *A Manhã,* Rio de Janeiro, 26 mar. 1947. Pensamento da América.

MOTTA, Pascoal. Henriqueta Lisboa: constância e dignidade literária. *Suplemento Literário Minas Gerais,* Belo Horizonte, 21 ago. 1976.

———. Poesia e humanismo: Miradouro e Caraça. *Suplemento Literário Minas Gerais*, Belo Horizonte, 16 abr. 1977.

MOURA, Francisco Miguel de. Uma presença que se faz silêncio. *O Estado*, Teresina, 13-14 abr. 1975.

MOURA, Francisco Soares de. A poesia do Caraça. *O Sudoeste – Cidade de Passos*, 14 maio 1978.

MOUTINHO, J. G. Nogueira. Além da imagem, Vigília poética e Henriqueta Lisboa. Nova lírica. In: *A fonte e a forma*. Rio de Janeiro: Imago, 1977.

———. Dois poetas: o alvo humano. *Folha de S. Paulo*, São Paulo, 6 set. 1973.

———. Evocação de Henriqueta Lisboa. *Folha de S.Paulo*, São Paulo, 30 set. 1979.

———. Nova lírica. *Folha de S.Paulo*, São Paulo, 15 e 22 ago. 1971.

———. Um mestre de poesia lírica: Miradouro e outros poemas. *Folha de S.Paulo*, São Paulo, 26 jun. 1977.

NUNES, Cassiano. A poesia de Henriqueta Lisboa. *A Tribuna*, Santos, 26 mar. 1944.

OLIVEIRA, José Lourenço de. Poesia e Henriqueta. *O Estado de S. Paulo*, São Paulo, 4, 11 e 18 jul. 1970.

OLIVEIRA, Marly de. Intimidade com Henriqueta Lisboa, a autora de Miradouro. *José*, Brasília, 16 mar. 1979.

PAIVA, Dídimo. O mundo poético de Henriqueta Lisboa. *O Estado de Minas*, Belo Horizonte, 18 dez. 1974.

PALÚ, C. M. Lauro, Pe. Celebração dos elementos de Henriqueta Lisboa. *Suplemento Literário Minas Gerais*, Belo Horizonte, 26 nov. 1977.

———. Montanha viva/mons vivus. *Suplemento Literário Minas Gerais*, 24 mar. 1977.

———. Henriqueta Lisboa: poeta do humano. *Suplemento Literário Minas Gerais*, 22-29 dez. 1979.

PÓLVORA, Hélio. Nova lírica. *Jornal do Brasil*, Rio de Janeiro, 22 jan. 1974.

PONTES, Eloy. Velário. *O Globo*, Rio de Janeiro, 1936.

RAMOS, Jorge. Henriqueta Lisboa: poeta da morte. *Diário de Minas*, Belo Horizonte, 2 jan. 1958. *Jornal de Notícias*, Lisboa, 16 fev. 1958.

———. Perspectivas. *Época*, Lisboa, 26 fev. 1974.

RAMOS, Maria Luiza. O ritmo elegíaco. In: *Fenomenologia da obra literária*. Rio de Janeiro: Forense, 1969.

RAMOS, Péricles Eugênio da Silva. Henriqueta Lisboa. In: *Poesia moderna*. São Paulo: Melhoramentos, 1967.

RIBEIRO, Léo Gilson. Inconfundível marca diáfana, abstrata. *O Estado de S. Paulo*, São Paulo, 18 dez. 1976.

———. Na singeleza dos versos, a revelação de uma poetisa inigualável. *Jornal da Tarde*, São Paulo, 8 set. 1979.

———. Rara poesia. *Veja*, São Paulo, 22 jan. 1975.

RODRIGUES, Geraldo Pinto. Fidelidade à poesia: Casa de pedra. *O Estado de S. Paulo*, São Paulo, 23 dez. 1979. Suplemento Cultural. p. 7.

ROSSI, Edmundo. Poesia de Henriqueta Lisboa: últimos livros. *Jornal de São Paulo*, 23 nov. 1945.

ROSSI, Giuseppe Carlo. Lírica iberoamericana di ieri e di oggi. *L'Osservatore Romano*, Roma, 7 luglio 1977.

SALLES, Heráclio. Convívio poético. *Jornal do Brasil*, Rio de Janeiro, 2 nov. 1961.

SANCHES-SAÉZ, Bráulio. La poética de Henriqueta Lisboa. *La Calle Argentina*, Rio Cuarto, 29 marzo 1964.

SANDRONI, Laura Constância. Para descobrir e amar a poesia. *O Globo,* Rio de Janeiro, 4 abr. 1976.

SANTIAGO, Silviano. Tesouro mineiro. *Veja,* São Paulo, n. 578, p. 77, out. 1979.

SCHETTINO, Lacyr. A formação do poeta, a dama, o azul: dedicação e profundidade. *Estado de Minas,* Belo Horizonte, 27 jun. 1979.

SCHÜLER, Donaldo. As palavras como pousada do ser. *O Estado de S. Paulo,* São Paulo, 3 fev. 1983.

SILVEIRA, Homero. Convívio poético. *Diário de S. Paulo,* São Paulo, jan. 1952.

SIMÕES, João Gaspar. Romantismo e verbalismo. *A Manhã,* Rio de Janeiro, 12 ago. 1951. Letras e Artes: Suplemento Literário.

―――. Souza, Ana Lúcia Maria de. Uma viagem ao universo infantil com Henriqueta Lisboa. In: PINHEIRO, Hélder (Org.) *Poemas para crianças.* São Paulo: Duas Cidades, 2000. p. 65-89.

SOUZA, Olney Borges Pinto de. O privilegiado Miradouro. *Diário de São José dos Campos,* 25 dez. 1976.

―――. Reverberação. *Diário de São José dos Campos,* 28 maio 1977.

VARGAS, Milton. A lírica de Henriqueta Lisboa. *Diálogos,* São Paulo, n. 12, p. 79-81, fev. 1960.

VIEIRA, José Geraldo. Poesias antíscias. *Jornal de São Paulo,* São Paulo, [s.d.].

VILLASANTE, C. Bravo. Dos Antologias. *Revista Insula,* Madrid, n. 204, nov. 1963.

ÍNDICE

Dimensões da lírica de Henriqueta Lisboa 7

VELÁRIO (1930-1935)

Tuas palavras, amor 20
Poema da solidão 22

PRISIONEIRA DA 240NOITE (1935-1939)

Convite 26
Repouso 27
A mais suave 28
O ausente 29
Noturno 31

O MENINO POETA (1939-1941)

O menino poeta 34
Pirilampos 37
Caixinha de música 38

MADRINHA LUA (1941-1946)

Vida, paixão e morte do Tiradentes 40

A FACE LÍVIDA (1941-1945)

Os lírios 44
Pérola 45
Orgulho 46
A face lívida 47
Arte 48
Trasflor 50
Dama de rosto velado 51
Alarido 52
Imagem 53
Lareira 54

FLOR DA MORTE (1945-1949)

Flor da morte I 56
Flor da morte II 57
O véu 59
Sofrimento 61
O mistério 62
Esta é a graça 64
As coleções 66
Jaulas 68
Maturidade 69
Pássaro de fogo 70

AZUL PROFUNDO (1950-1955)

A joia 74
Contemplação 75
As algemas 76
Azul profundo 77
Do cego 78
Do hipócrita 79
Estudo 80
Do idiota 82

MONTANHA VIVA (1956-1958)

Divertimento 86
Vocação 87
A luz 89
Disciplina 90
O órgão 92
Herança 93
Cigarra 95
O carvalho e sua sombra 96
Tradição 97
Atmosfera 99
A flor de São Vicente 101

ALÉM DA IMAGEM (1959-1962)

Frutescência 104
Cantiga de Vila-Bela 106
Condição 107

Vincent (Van Gogh)... 108
Além da imagem 110
O tempo e a fábula..111
As lembranças 113
As impressões 115
Porém a Terra.. 117

ALVO HUMANO (1963-1969)

O espelho... 120
Parábola 122
Coração 123
Os estágios 127
Entrementes 130
Tanto amor 132
Sibila... 134
Uma simples tulipa... 136
Ídolo 138
Impactos 140
Do acaso 142
Rebanho 144
De consonância... 146
Magma 148
Vertigem 150
Insônia 152
Da espécie... 153
Cantata 154

MIRADOURO (1968-1974)

Síntese 158
O ser absurdo.. 159

Confronto 160
Amor 161
Pensamor 162
Pluma 163
Vislumbre 164
Estrelitzia 166
Pássaro 168
Átrio 171
Momento 172
O mito 173
O dom 174
Quarteto nostalgitália 175

REVERBERAÇÕES (1975)

Adorno 182
Alicerce 183
Angústia 184
Calendário 185
Casulo 186
Chilreio 187
Colgadura 188
Escalada 189
Holocausto 190
Inquérito 191
Lamúria 192
Maravilha 193
Nostalgia 194
Presságio 195
Retorno 196
Sentinela 197
Vindima 198

POUSADA DO SER (1976-1980)

Assombro 200
Do supérfluo 201
Aparência 203
Notícia mineira 204

CELEBRAÇÃO DOS ELEMENTOS (1977)

Água 208
Ar 210
Fogo 212
Terra 214

Biografia 217
Bibliografia 219
Obras sobre a autora 223